GW01003305

Sentier vers
Saint-Jacques-de-Compostelle
via Le Puy-en-Velay

secrétariat d'État au Tourisme
délégation régionale Auvergne

Financé avec l'aide de l'État - F.N.A.D.T.

Fédération Française de la Randonnée Pédestre

association reconnue d'utilité publique
14, rue Riquet
75019 PARIS

Saint-Michel-d'Aiguilhe, Le Puy-en-Velay. Photo Christian Bertholet.

Sommaire

Les informations pratiques

Un bref aperçu de la région

L'itinéraire

A la découverte de la région

de pierre extérieur aujour-
d'hui ruiné, on jetait des
projectiles. Entre le château
et l'église reconstruite par
les Hospitaliers au début d'
14e siècle, se trouvait le

Pour comprendre la carte IGN

Courbes de niveau

Altitude   • 974

Les courbes de niveau
Chaque courbe est une
ligne (figurée en orange)
qui joint tous les points
d'une même altitude. Plus
les courbes sont serrées sur
la carte, plus le terrain est
pentu. A l'inverse, des
courbes espacées indiquent
une pente douce.

Route	═══
Chemin	───
Sentier	-----
Voie ferrée, gare	┼─┰─
Ligne à haute tension	→─
Cours d'eau	∼∼
Nappe d'eau permanente	●
Source, fontaine	○
Pont	─)(─
Eglise	❦ ○
Chapelle, oratoire	┧ ┧
Calvaire	┼
Cimetière	⊞
Château	◼
Fort	⬠
Ruines	∴
Dolmen, menhir	⊤⊤ Δ
Point de vue	◟◠◞

D'après la légende de la carte IGN au 1 : 50 000.

Les sentiers de Grande
Randonnée® décrits dans ce
topo-guide sont **tracés en
rouge** sur la carte IGN au
1 : 50 000 (1 cm = **500 m**).

Le Nord est situé en haut de la
carte, ou à gauche lorsque celle-
ci est basculée à l'horizontale
(comme sur l'exemple ci-
contre).

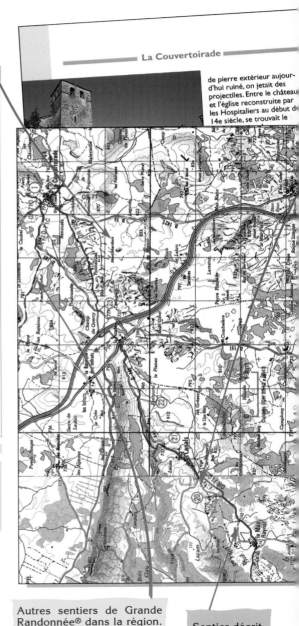

Autres sentiers de Grande
Randonnée® dans la région.

Sentier décrit

des Sentiers de Grande Randonnée® ?

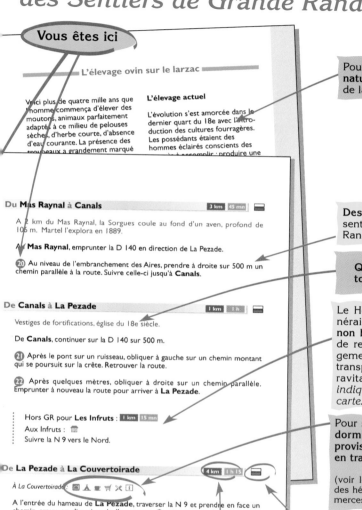

Vous êtes ici

═══ L'élevage ovin sur le larzac ═══

Voici plus de quatre mille ans que l'homme commença d'élever des moutons, animaux parfaitement adaptés à ce milieu de pelouses sèches, d'herbe courte, d'absence d'eau courante. La présence des troupeaux a grandement marqué

L'élevage actuel

L'évolution s'est amorcée dans le dernier quart du 18e avec l'introduction des cultures fourragères. Les possédants étaient des hommes éclairés conscients des ... à accomplir : produire une

Pour découvrir **la nature et le patrimoine** de la région.

Du Mas Raynal à Canals `3 km` `45 mn`

A 2 km du Mas Raynal, la Sorgues coule au fond d'un aven, profond de 106 m. Martel l'explora en 1889.

Au Mas Raynal, emprunter la D 140 en direction de La Pezade.

20 Au niveau de l'embranchement des Aires, prendre à droite sur 500 m un chemin parallèle à la route. Suivre celle-ci jusqu'à **Canals**.

Description précise du sentier de Grande Randonnée®.

De Canals à La Pezade `1 km` `1 h`

Vestiges de fortifications, église du 18e siècle.

De **Canals**, continuer sur la D 140 sur 500 m.

21 Après le pont sur un ruisseau, obliquer à gauche sur un chemin montant qui se poursuit sur la crête. Retrouver la route.

22 Après quelques mètres, obliquer à droite sur un chemin parallèle. Emprunter à nouveau la route pour arriver à **La Pezade**.

Hors GR pour **Les Infruts** : `1 km` `15 mn`
Aux Infruts : 🏠
Suivre la N 9 vers le Nord.

Quelques infos touristiques

Le Hors GR est un itinéraire, généralement **non balisé**, qui permet de rejoindre un hébergement, un moyen de transport, un point de ravitaillement. *Il est indiqué en tirets sur la carte.*

De La Pezade à La Couvertoirade `4 km` `1 h 15`

À La Couvertoirade : 🖼 ⛺ 🏠 🍴 ✕ ℹ

A l'entrée du hameau de **La Pezade**, traverser la N 9 et prendre en face un chemin creux en direction de l'autoroute. Continuer tout droit jusqu'à la clôture, suivre celle-ci sur la gauche. Emprunter le passage souterrain et rejoindre la D 185. La traverser

23 Obliquer sur un chemin bordé de murets et de haies de buis en direction de **La Couvertoirade**.

Pour savoir **où manger, dormir, acheter des provisions, se déplacer en train ou en bus,** etc.

(voir le tableau et la liste des hébergements et commerces).

Couleur du **balisage**.

45

Le temps de marche pour aller de **La Pezade** à **La Couvertoirade** est de 1 heure et 15 minutes pour une distance de 4 km.

5

Informations pratiques

Quelques idées de randonnées

■ L'itinéraire décrit

Ce topo-guide décrit le sentier GR® 65 de Genève au Puy-en-Velay **(340 km)**.

■ D'autres possibilités

Pour randonner le temps d'un week-end ou d'un court séjour.

De Genève à Seyssel
Premier jour : de Genève à Beaumont, 13,5 km.
Deuxième jour : de Beaumont à Chaumont, 24 km.
Troisième jour : de Chaumont à Seyssel, 18,5 km.
Voir pages 31 à 43.

De Seyssel au Grand-Lemps
Premier jour : de Seyssel à Chanaz, 21 km.
Deuxième jour : de Chanaz à Yenne, 16 km.
Troisième jour : de Yenne à Pigneux, 21,5 km.
Quatrième jour : de Pigneux à Valencogne, 20 km.

Cinquième jour : de Valencogne au Grand-Lemps,17 km.
Voir pages 43 à 63.

Du Grand-Lemps à Chavanay
Premier jour : du Grand-Lemps à La Côte-Saint-André, 13,5 km.
Deuxième jour : de La Côte-Saint-André à Revel-Tourdan, 21 km.
Troisième jour : de Revel-Tourdan à Saint-Romain-de-Surieu, 18,5 km.
Quatrième jour : de Saint-Romain-de-Surieu à Chavanay, 18 km.
Voir pages 63 à 83.

De Chavanay au Puy-en-Velay
Premier jour : de Chavanay à Saint-Julien-Molin-Molette,18,5 km.
Deuxième jour : de Saint-Julien-Molin-Molette aux Sétoux, 23,5 km.
Troisième jour : des Sétoux à Montfaucon-en-Velay, 15,5 km.
Quatrième jour : de Montfaucon-en-Velay à Saint-Jeures,17 km.
Cinquième jour : de Saint-Jeures à Saint-Julien- Chapteuil, 21 km.
Sixième jour : de Saint-Julien-Chapteuil au Puy-en-Velay , 19,5 km.
Voir pages 83 à 109.

Le balisage du sentier (voir ci-contre l'illustration)

Le sentier GR® 65 est balisé en blanc-rouge et avec des coquilles européennes bleues et jaunes en France. En Suisse, il est balisé avec des coquilles européennes et des plaques marrons jacquaires. Les variantes sont balisées blanc-rouge ou avec des coquilles Saint-Jacques avec un point jaune.

SUIVEZ LE BALISAGE POUR RESTER SUR LE BON CHEMIN.

LE BALISAGE DES SENTIERS	GR®	GRP®	PR®
Bonne direction			
Tourner à gauche			
Tourner à droite			
Mauvaise direction			

Dessin Nathalie Locoste.

La randonnée : une passion FFRP !

Des sorties-randos accompagnées, pour tous les niveaux, sur une journée ou un week-end : plus de 2700 associations sont ouvertes à tous, dans toute la France.

Un grand mouvement pour promouvoir et entretenir les 180 000 km de sentiers balisés. Vous pouvez vous aussi vous impliquer dans votre département.

FF R P

Des stages de formations d'animateurs de randonnées, de responsables d'association ou encore de baliseurs, organisés toute l'année.

Une garantie de sécurité pour randonner bien assuré, en toute sérénité, individuellement ou en groupe, grâce à la licence FFRP ou à la RandoCarte.

Pour connaître l'adresse du Comité de votre département, pour tout savoir sur l'actualité de la randonnée et découvrir la collection des topo-guides :

www.ffrp.asso.fr

Centre d'Information de la FFRP
14, rue Riquet 75019 Paris - Tél : 01 44 89 93 93
Ouvert du lundi au samedi de 10h à 18h.

Avant de partir...

■ Période conseillée, météo

• Le sentier de Grande Randonnée® présenté dans ce topo-guide est praticable en toutes saisons.
En automne, la chasse est pratiquée plusieurs jours par semaine. Il est recommandé d'être prudent.
Certains chemins peuvent être boueux par temps de pluie ; il est indispensable d'être bien chaussé.

• Avant de partir, il est vivement recommandé de prendre connaissance des prévisions météorologiques. Suivez aussi les conseils de ceux qui vous hébergent et qui connaissent bien leur région.

- Météo France, tél. 32 50.
- Minitel *3615 Météo.*
- Site web : www.meteo.fr

■ Les temps de marche

Les temps de marche indiqués dans les topo-guides des sentiers de Grande Randonnée® sont indicatifs. Ils correspondent à une marche effective d'un marcheur moyen.

Attention ! Les pauses et les arrêts ne sont pas comptés.

Dans les régions de plaine ou peu vallonnées, le rythme de marche est calculé sur la base de 4 km à l'heure.
Chacun adaptera son rythme de marche selon sa forme physique, la météo, le poids du sac à dos, etc.

■ Modifications d'itinéraires

Depuis l'édition de ce topo-guide, les itinéraires décrits ont peut-être subi des modifications rendues nécessaires par l'exploitation agricole ou forestière, le remembrement, les travaux routiers, etc.
Il faut alors suivre le nouvel itinéraire balisé.

Ces modifications, quand elles ont une certaine importance, sont disponibles, sur demande, au Centre d'information de la FFRP (voir «Adresses utiles») ou sur le site internet : www.ffrp.asso.fr à la rubrique « Les topo-guides / Les mises à jour.

Les renseignements fournis dans ce topo-guide, exacts au moment de l'édition de l'ouvrage, ainsi que les balisages n'ont qu'une valeur indicative et n'engagent en aucune manière la responsabilité de la FFRP. Ils n'ont pour objet que de permettre au randonneur de trouver plus aisément son chemin et de suggérer un itinéraire intéressant.

C'est au randonneur d'apprécier si ses capacités physiques et les conditions du moment (intempéries, état du sol...) lui permettent d'entreprendre la randonnée, et de prendre les précautions correspondant aux circonstances.

■ Assurances

Le randonneur parcourt l'itinéraire décrit, qui utilise le plus souvent des voies publiques, sous sa propre responsabilité. Il reste seul responsable, non seulement des accidents dont il pourrait être victime, mais aussi des dommages qu'il pourrait causer à autrui tels que feux de forêts, pollutions, dégradations, etc.

Certains itinéraires utilisent des voies privées : le passage n'a été autorisé par le propriétaire que pour la randonnée pédestre.

Le randonneur a intérêt à être bien assuré. La FFRP et ses associations délivrent une licence ou une *Rando carte* incluant une assurance adaptée.

Se rendre et se déplacer dans la région

■ Aéroports les plus proches
- Genève–Cointrin, tél. 00 41 22 799 31 11.
- Annecy, tél. 04 50 27 30 06.
- Grenoble – St Geoirs tél. 04 76 65 48 48.
- Lyon-St-Exupéry, tél. 04 72 22 72 21.
- Chambéry-Aix, tél. 04 79 54 49 54.

■ Trains
- Genève, Annecy (ligne Evian – Valence),
- Genève, Saint-julien-en-Genevois, Seyssel (ligne Evian – Lyon),
- Ambilly, Genève, Saint-julien-en-Genevois (ligne Evian – Bellegarde),
- Grenoble (gare TGV).
- Gare routière du Puy tél 0471 09 25 60
- Gare SNCF Le Puy en Velay, tél. 04 71 07 71 63.
- Chambéry (gare TGV)
- Aix-les-Bains (TGV)

Tél. ligne directe 36 35, minitel 3615 *SNCF* ou Internet : www.sncf.com

■ Cars
- Au départ de la gare routière d'Annecy, navettes quotidiennes pour Frangy, compagnie Crolard, tél. 04 50 45 08 12.

- Au départ de la gare routière d'Annecy, navettes quotidiennes pour Seyssel, compagnie Dunand, tél. 04 50 22 27 12.
- Au départ de la gare routière d'Annecy, navettes quotidiennes pour Genève, compagnie Frossard, tél. 04 50 45 73 90.
- Gare routière de Grenoble (jouxtant la gare SNCF) tél. 04 76 87 90 31.
- Cars VFD, tél. 04 76 47 77 77.
- TVRA, 55 bd Sampaix 69192 ST-FONS, tél. 04 78 7021 01 dessert Chavanay (lignes Lyon / Pélussin, Annonay / Vienne et Roussillon / Pélussin).
- TVRA, 55 bd Sampaix 69192 ST-FONS, tél. 04 78 7021 01 dessert Maclas (ligne Roussillon / Pélussin).
- les Courriers Rhodaniens, la Maladière 07130 St-Peray, tél. 04 75 81 09 09 desservent Maclas, Saint-Appolinard et St-Julien-Molin-Molette (ligne Annonay / Maclas).
- les Courriers Rhodaniens, la Maladière 07130 St-Peray, tél. 04 75 81 09 09 desservent Bourg-Argental (ligne Saint-Etienne / Annonay).
- Gare routière du Puy tél. 04 71 09 25 60.
- Transavoie, tél. 04 79 68 32 80 dessert Yenne (ligne Chambéry-Belley).

Hébergements, restauration, commerces et services

■ Se loger
On peut se loger chaque soir sur l'itinéraire ou à proximité immédiate. Les formules d'hébergement sont diverses et variées (gîtes d'étape, refuges, hôtels, chambres d'hôtes ou chez l'habitant, campings, etc.). Pour les gîtes d'étapes et refuges, renseignez-vous auprès du logeur pour savoir s'il faut emporter son sac ou son drap de couchage. La réservation est vivement recommandée (des arrhes pourront vous être demandées). La liste présentée se veut exhaustive, sans jugement sur la qualité de l'accueil et le confort. Certains de ces établissements possèdent un label (Gîtes de France, Gîtes Panda, Rando Plume, Rand'hôtel, Balad'hôtel, Logis de France, etc.) que nous indiquons.

■ Se restaurer
Un bon petit-déjeuner pour commencer la journée, un bon dîner le soir à l'étape : c'est cela aussi la randonnée. Là encore, les formules sont variées (repas au gîte, à l'hôtel, tables d'hôtes, restaurants, fermes-auberges, etc.). Dans certains gîtes d'étape, on peut préparer soi-même son dîner et petit-déjeuner, renseignez-vous auprès des propriétaires. Un forfait demi-pension est souvent proposé (nuit, dîner, petit déjeuner).

■ Liste des hébergements

Pour faciliter votre recherche, les hébergements sont classés dans le sens du parcours. Ne sont signalés que les établissements situés sur le sentier GR® ou à une distance maximale de deux kilomètres ; dans ce cas, nous précisons « Hors GR ».

Cependant, il existe de nombreux établissements plus éloignés, qui proposent de venir vous chercher et de vous déposer sur le parcours le lendemain matin. Ils ne sont pas signalés dans notre liste. Pour les connaître, adressez-vous aux Comités Départementaux de la Randonnée Pédestre, aux Comités Départementaux de Tourisme ou aux Offices de Tourisme et Syndicats d'Initiative. Bien entendu, nous vous conseillons de réserver vos hébergements avant de partir.

Suisse
• Genève - Carouge
- Nombreux hébergements : se renseigner à l'office de tourisme, tél. 00 41 22 909 70 00.

France
• Collonges-sous-Salève (74160) (hors GR)
- Hôtel-restaurant *Buffalo Hôtel*, ouvert toute l'année, 32 chambres, tél. 04 50 43 65 20.

• Neydens (74160)
- Gîte d'étape *La Colombière*, 8 places (ouvert du 01/04 au 30/09), camping***, restauration, location de chalets toute l'année, tél. 04 50 35 13 14.

• Beaumont (74160)
- Gîte d'étape *La Fromagerie*, ouvert toute l'année sur réservation, coin-cuisine, ravitaillement (dépannage), repas possible sur réservation, 8 places, tél. 04 50 04 41 56.

• Col du Mont-Sion (74350 Saint-Blaise)
- Hôtel-restaurant *Rey**, ouvert toute l'année, 30 chambres, tél. 04 50 44 13 29 et 04 50 44 13 11.

• Prévy (74270 Minzier) (hors GR)
- Chambre et table d'hôtes, 3 personnes, Mme Girod, tél. 04 50 60 42 25.

• Chaumont (74270)
- Gîte d'étape *L'Espérance*, ouvert du 04/04 au 01/11, coin-cuisine, ravitaillement (dépan-

nage), 12 places, tél. 04 50 32 23 15 et 04 50 32 25 46.

• Collonges-d'En-Haut (74270 Frangy)
- Chambre et table d'hôtes, Mme Baudet, 2 personnes, tél. 04 50 44 71 18 ou 04 50 32 23 64.

• Frangy (74270)
- Hôtel-restaurant *Le Moderne**, fermé mercredi et dimanche soir hors saison, 18 chambres, tél. 04 50 44 75 83.
- Hôtel-bar *du Commerce*, fermé jeudi et dimanche, tél. 04 50 44 75 81.
- Auberge-restaurant *La Cave de la Ferme*, ouvert toute l'année sur réservation (fermé dimanche et lundi), 2 chambres, tél. 04 50 44 75 04.
- Camping *Le Célestin*, tél. 04 50 44 77 89.

• Vannecy (74270 Desingy)
- Chambres et tables d'hôtes, Mme Charveys, restauration sur réservation, 4 personnes, tél. 04 50 69 44 39.

• Droisy (74270) (hors GR)
- Chambres et tables d'hôtes, Mme Guillen, tél. 04 50 69 40 41.

• Les Côtes (74910 Seyssel) (variante)
- Gîte d'étape *L'Edelweiss*, hameau du Praz, coin-cuisine et repas, 50 places, tél. 04 50 56 04 75.

• Seyssel (74910) (variante)
- Hôtel-restaurant *du Rhône*, 10 chambres, tél. 04 50 59 20 30.
- Camping *Le Nant Matroz***, ouvert du 1/05 au 15/09, restauration, possibilité d'hébergement en caravane, tél. 04 50 59 03 68.

• Motz (73310) (hors GR)
- Hôtel-auberge-restaurant, ouverte toute l'année, 45 places, tél. 04 79 63 78 20.

• La Chétraz (73310 Serrières-en-Chautagne) (variante)
- Chambres d'hôtes, M. Berthet, tél. 04 79 63 70 23.

• Serrières-en-Chautagne (73310) (variante)
- Hôtel-restaurant *L'Auberge Chautagnarde*, tél. 04 79 63 70 02.
- Hôtel-restaurant *Diane de Chautagne*, tél. 04 79 63 70 47.
- Camping *Le Clairet*, ouvert du 01/04 au

15/10, snack-bar, coin-cuisine, hébergement en caravane, tél. 04 79 63 75 15.

• Culoz (01350) (par le GR® 9)
- Gîte d'étape, Le Cabiolon, Chantemerle, réservation (tél. la veille) au 04 79 87 05 97.
- Hôtel-restaurant Le Cardinal, rue Falconnier, tél. 04 79 87 01 51.
- Camping Le Colombier, caravane, ouvert de mai à septembre, tél. 04 79 87 19 00.

• Lachat (73310 Ruffieux) (hors GR)
- Chambres d'hôtes avec coin cuisine, Solange Baltz, tél. 04 79 54 20 18.

• Chanaz (73310)
- Hôtel-restaurant du Canal, fermé du 01/12 au 28/02, 10 chambres, tél. 04 79 54 57 57.
- Chambre d'hôtes, table d'hôtes sur réservation, Mme. Fleuret, tél. 04 79 54 52 23.
- Camping des Iles, hébergements en chalets avec coin-cuisine, 6 places, tél. 04 79 54 58 51.

• Yenne (73170)
- Centre d'accueil Le Clos du Capucin, 70 places, tél. 04 79 36 85 70.
- Hôtel-restaurant Le Fer à Cheval, 12 chambres, tél. 04 79 36 70 33.
- Camping du Flon, ouvert en juillet-août, tél. 04 79 36 82 70.

• Saint-Maurice-de-Rotherens (73240)
- Gîte d'étape, Le Vernay (sur GR® 9), 30 places, tél. 04 76 31 82 39 et 06 84 45 16 50.

• Pigneux (73240 Saint-Genix-sur-Guiers)
- Chambres et tables d'hôtes, Le Puisat, tél. 07 76 31 84 55.

• Saint-Genix-sur-Guiers (73240)
- Camping, hébergement possible en chalets avec coin-cuisine, ouvert du 01/06 au 31/08, tél. 04 76 31 71 40.

• Aoste, pont sur le Guier (38490)
- Hôtel-restaurant Bellet, 7 chambres, fermé en janvier, tél. 04 76 31 60 04.
- Hôtel-restaurant La Vieille Maison, 17 chambres, fermé le dimanche soir, le jeudi midi, le mercredi et trois semaines en septembre, tél. 04 76 31 60 15.

• Romagnieu (38480)
- Chambres et table d'hôtes, Au-dessus des nuages, Le Vorget-près-du-Lac, 12 personnes, tél. 04 76 31 88 42.

- Auberge La Forge de la Massotte, 14 personnes, tél. 04 76 31 53 00.

• Le Verou (38490 Les Abrets)
- Camping Le Coin tranquille, ouvert du 01/04 au 30/10, restaurant, ravitaillement, location tentes, chalets, bungalow, tél. 04 76 32 13 48.

• Les Abrets (38490)
- Hôtel-restaurant Le Savoy, 10 chambres, réservation obligatoire, tél. 04 76 32 03 54.

• Saint-Ondras (38490)
- Chambres et tables d'hôtes, Le Pas de l'Ane, 145 chemin de la Brocardière, 12 personnes, tél. 04 76 32 01 78.

• Valencogne (38730)
- Gîte d'étape Le Brocard, pas de coin cuisine, 10 places, fermé mercredi et mois d'octobre, tél. 04 74 88 20 02.

• Le Pin-Plage (38730) (hors GR)
- Gîte, chambres et table d'hôtes, Jean et Denise Meunier-Beillard, 145 chemin de Beluran, Le Pin-Plage, 10 personnes, coin cuisine, tél. 04 76 06 64 00.

• Le Pin (38730)
- Chambres et table d'hôtes, Les Airelles, Christine Granges, 7 personnes, tél. 04 76 06 60 86.

• Oyeu (38690) (hors GR)
- Aire naturelle de camping du Mont Chardon, ouvert du 01/05 au 30/09, tél. 04 76 55 70 52.
- Camping municipal, ouvert du 01/05 au 30/09, tél. 04 76 06 63 56.

• Ferme du Futeau (38690 Colombe)
- Chambres et table d'hôtes, Jean-Pierre et Brigitte Billon, tél. 04 76 55 92 45.

• Le Grand-Lemps (38690)
- Hôtel-restaurant Le Petit Paris, 21 rue de la République, 10 chambres, réservation obligatoire le samedi, fermé la dernière semaine de juillet, tél. 04 76 55 80 25.

• La Frette (38260)
- Hôtel-restaurant des Voyageurs, 8 chambres, réservation obligatoire, tél. 04 74 54 64 20.

• Montgontier (38260 Gillonnay)
- Gîte d'étape, domaine de Montgontier, tél. 04 74 20 25 78 ou 06 74 13 11 95.

• Notre-Dame (38260 Gillonnay) (hors GR)
- Chambres d'hôtes, *La Ferme des Collines*, 14 personnes, coin cuisine, tél. 04 74 50 57 93.

• La Côte-Saint-André (38260)
- Hôtel-restaurant *de France*, 16 place Saint-André, 14 chambres, restaurant fermé le dimanche soir et le lundi, tél. 04 74 20 25 99.
- Hôtel-restaurant *de l'Europe*, 20 rue de la République, 14 chambres, avec gîte d'étape et coin cuisine, tél. 04 74 20 53 10.

• Balbins (38260)
- Chambres d'hôtes, 18 personnes, *Les Granges d'Eglantine*, Christian Abel, tél./fax 04 74 20 56 87 ou 06 13 30 17 70.

• Faramans (38260)
- Gîte d'étape paysan, Bernard Gilibert, à 800 m du centre du village, 10 personnes, coin cuisine, ouvert du 01/04 au 31/10, tél. 04 74 54 23 26.
- Camping *Les Eydoches*, ouvert toute l'année, petite restauration, ravitaillement, tél. 04 74 54 21 78.

• Pommier-de-Beaurepaire (38260)
- Gîte paysan (gîte-chambres), se situe en bas du village, coin cuisine, tél. 04 74 54 27 73.
- Auberge *Chez Josiane*, 4 chambres, fermé le mercredi soir, tél. 06 30 58 76 13.
- Camping *de la Bissera*, ouvert toute l'année, coin cuisine, tél. 04 74 54 22 54.

• Pisieu (38270) (hors GR)
- Auberge-restaurant, tél. 04 74 84 57 94.

• Revel-Tourdan (38270)
- Bar-restaurant, Lucette Normand, 1 chambre, fermé le jeudi après-midi, tél. 04 74 84 57 04.

• Moissieu-sur-Dolon (38270) (hors GR)
- Hotel-restaurant, La Colombière, tél. 04 74 79 50 23.

• Saint-Romain-de-Surieu (38150)
- Gîte de groupe, 50 places, hors vacances scolaires, tél. 04 74 84 43 92.
- Chambres et table d'accueil, Jocelyn et Nancy Hernandez, Le Molymard, tél. 04 74 79 42 50.

• Auberives-sur-Vareze (38550)
- Hôtel-restaurant JCB, centre du village, fermé le lundi, 2 chambres, tél. 04 74 79 93 05.

• Clonas-sur-Varèze (38550)
- Hôtel *des Nations*, 10 chambres, restaurant l'Hysope, ouvert toute l'année, fermé le dimanche soir, tél. 04 74 84 90 24.
- Hôtel-restaurant *Le Clos de Louse*, 8 chambres, tél. 04 74 84 90 25.
- Camping *des Nations*, ouvert toute l'année, restaurant, ravitaillement, hébergement en caravanes, tél. 04 74 84 95 13.

• Chavanay (42410)
- Hôtel-restaurant *Charles*, 4 chambres, tél. 04 74 87 23 02.
- Hôtel *du Centre*, 9 chambres, tél. 04 74 87 23 47.
- Hôtel *du Pilat*, tél. (provisoire) 06 08 69 04 61.

• La Petite Gorge (42410 Chavanay) (hors GR)
- Château de la Gorge, 10 places, ouvert d'avril à octobre, sur réservation, tél. 04 74 87 27 80 ou 04 74 87 29 80.

• Bessey (42520)
- Gîte collectif La Besseyrotte, 42 places, tél. 04 74 87 36 83.

• Pont Jacquet (42520 Bessey)
- Gîte d'étape, coin cuisine, 12 places, tél. 04 74 87 38 23.

• Le Buisson (42520 Véranne)
- Domaine du château du Buisson, 100 places, réservation nécessaire, tél. 04 74 87 42 68.

• Maclas (42410) (hors GR)
- Hôtel-restaurant *du Parc*, 7 chambres, tél. 04 74 87 38 06.

• Saint-Appolinard (42520) (hors GR)
- Camping 1 épi, au Cottet, ouvert du 01/04 au 31/10, hébergement possible en caravane, tél. 04 74 87 38 78.

• Saint-Julien-Molin-Molette (42220)
- Gîte d'étape, 18 places, tél. 04 77 51 57 45.
- Chambres d'hôtes au domaine de Castel-Guéret, tél. 04 77 51 56 04.
- Camping *du Val Ternay*, hébergement possible en chalet, tél. 04 77 51 50 76.

• Bourg-Argental (42220)
- Hôtel-restaurant *de France***, 10 chambres, tél. 04 77 40 21 20.
- Hôtel-restaurant *du Lion d'Or*, 5 chambres, tél. 04 77 39 62 25.

- Hôtel-restaurant *Le Relais*, 5 chambres, tél. 04 77 39 61 21.
- Camping*** *Le domaine de l'Astrée*, hébergement possible en chalets, tél. 04 77 39 72 97.
- Chambre d'hôtes, à La Landonnière, tél. 04 77 39 75 98.

• Bobigneux (42220 Saint-Sauveur-en-Rue) (à 300 m du GR)
- Hôtel-restaurant *Le Château de Bobigneux*, Logis de France, 6 chambres, tél. 04 77 39 24 33.

• Saint-Sauveur-en-Rue (42220) (hors GR)
- Camping *des Reignières*, sur la route du Tracol, tél. 04 77 39 24 71.

• Riotord (43220 Les Sétoux)
- Gîte d'étape des Sétoux, ouvert toute l'année, 39 places, tél. 04 71 75 32 61.

• Saint-Julien-Molhesabate (43220) (hors GR)
- Accueil randonneurs, possibilité de restauration, ouvert toute l'année, 8 places, tél. 04 71 75 39 07.

• Montfaucon-en-Velay (43290)
- Hôtel-restaurant *de L'Avenue***, Logis de France, ouvert du 10/02 au 15/12, 10 chambres, tél. 04 71 59 90 16.
- Hôtel-restaurant *Les Platanes*, relais Saint-Jacques, fermé en décembre et janvier, 8 chambres, tél. 04 71 59 92 44.
- Hôtel-restaurant *de la Gare*, ouvert toute l'année, 6 chambres, tél. 04 71 59 92 85.
- Gîte d'étape, ouvert toute l'année, 19 places, tél. 04 71 59 92 36 (mairie) ou 04 71 59 95 73 (office de tourisme).

• Le Marain (43290 Montregard)
- Accueil randonneurs, Le Marain 11 places, tél. 04 71 59 95 27.
- Accueil randonneurs, La Lyrée, 8 places, sur réservation, tél. 04 71 59 96 34.

• Tence (43190)
- Hostellerie *Placide* ***, Châteaux et Hôtels de France, restaurant, ouvert du 1er avril au 31 décembre ; fermé les dimanches soirs, lundis et mardis midi en saison, lundis et mardis hors saison sauf pour les groupes, 13 chambres, tél. 04 71 59 82 76.
- Hôtel-restaurant *de la Poste* **, Logis de France, fermé en janvier, les dimanches soirs et lundis hors saison (ouvert pour les chambres sur réservation), 11 chambres, tél. 04 71 56 39 25.

- Hôtel-restaurant *Le Chatiague*, fermé pour les vacances de Noël, 8 chambres, tél./fax 04 71 59 82 82.
- Hôtel Faure *Chez Isa*, ouvert toute l'année mais seulement les week-end d'octobre à mai, 7 chambres, tél. 04 71 59 82 39.
- Accueil randonneurs *La Petite Papeterie*, ouvert toute l'année, 16 places, location de petits meublés pour 2 à 5 personnes hors saison, tél./fax 04 71 56 33 40.
- Chambres d'hôtes Bourgeois (gîte de France 4 épis), à Salettes, ouvert toute l'année, 5 chambres, tél. 04 71 56 35 80.
- Chambres d'hôtes *Les Grillons*, Deygas (gîte de France 3 épis), à La Pomme, hors GR, réservation obligatoire, table d'hôtes sur réservation, ouvert toute l'année, seulement les week-end et vacances scolaires du 01/10 au 31/03, 4 chambres, tél. 04 71 59 89 33.
- Camping communal *La Levée des Frères****, ouvert du 01/04 au 10/10, tél. 04 71 59 83 10 ou 04 71 59 82 67.

• Saint-Jeures (43200)
- Gîte d'étape, restaurant, auberge du Lizieux, fermé 15 jours en septembre, petit ravitaillement, 19 places, tél. 04 71 59 60 14.

• Queyrières (43260)
- Chambres et table d'hôtes *La Boria delh Chastel* (Gîte de France 3 épis), ouvert toute l'année, 4 chambres, hors GR, tél. 04 71 57 70 81.
- Auberge *de Marliou* et accueil randonneurs, réservation obligatoire, possibilité de restauration, ouvert toute l'année sauf du 20/01 au 25/02, 13 places et 2 chambres, tél. 04 71 57 63 00.

• Saint-Julien-Chapteuil (43260)
- Gîte d'étape, possibilité de restauration, ouvert toute l'année, réservation obligatoire du 01/11 au 31/03 et pour un minimum de 4 personnes, 19 places, tél. 04 71 08 70 20.
- Hôtel-restaurant *Barriol***, Logis de France, ouvert du 15/02 au 31/12, 11 chambres, tél. 04 71 08 70 17.
- Chambres d'hôtes Girard (Gîte de France 1 épi), à Sumène, hors GR, ouvert d'avril à octobre, 2 chambres, tél. 04 71 08 71 27.
- Camping communal *La Croix Blanche****, ouvert du 15/05 au 15/09, tél. 04 71 08 48 67.

• Brives-Charensac (43700)
- Hôtel-restaurant *de La Loire*, fermé du 01/05 au 15/05, du 18/08 au 01/09 et une semaine à

Noël, 7 chambres, tél. 04 71 09 16 07.
- Camping *d'Audinet****, ouvert du 10 avril au 20 septembre, tél. 04 71 09 10 18 ou 04 71 02 12 55.

• Le Puy-en-Velay (43000)
- Gîte d'étape Accueil Saint-François, repas du soir possible, 19 places, tél. 04 71 05 98 86.
- Gîte d'étape Accueil des Capucins, accueil gîte et meublés de 17 h à 20 h, 19 places, tél. 04 71 04 28 74 ou 06 63 09 13 69.
- Auberge de jeunesse, sur réservation, fermé les week end du 01/10 au 30/03, ouvert tout l'été les jours ouvrables de 14h à 22h30, jours fériés et dimanche de 20h à 22h, 73 places, tél. 04 71 05 52 40.

- Grand Séminaire, Accueil randonneurs Saint-Georges, ouvert toute l'année, sur réservation, possibilité de restauration, 200 places l'été, 60 places en période scolaire, tél. 04 71 09 93 10.
- Nombreux hôtels, s'adresser à l'office du tourisme, tél. 04 71 09 38 41.
- Camping municipal du Puy-en-Velay, chemin de Bouthezard **, Aiguilhe, tél. 04 71 09 55 09 ou 06 15 08 23 59.

Malgré nos vérifications, des oublis ou erreurs ont pu se glisser, notamment dans la liste d'hébergements. Des établissements ont pu s'ouvrir, d'autres fermer, des numéros de téléphone, changer, depuis l'édition de ce topo-guide. Merci de nous le signaler ; nous en tiendrons compte dans la prochaine édition.

▶ Pour faciliter la lecture, les communes sont citées dans le sens du parcours décrit dans le topo-guide. Pour calculer la longueur d'une étape, il suffit d'additionner les chiffres de la colonne de gauche et de rajouter, si votre lieu d'hébergement se situe hors GR, la distance figurant entre parenthèses.

kilomètres	LOCALITÉS	RESSOURCES	Pages	🏠	🏨	🛌	🏕	🛒	🍴	☕	ℹ	🚗	🚃
	GENÈVE - CAROUGE	*GR® 65*	31	•	•			•	•	•	•	•	•
5	▶ COLLONGES (Hors GR à 2 km)		31		•			•	•	•			
4,5	NEYDENS		35	•			•	•	•	•		•	•
4	BEAUMONT		35	•									
6	COL DU MONT-SION		39		•			•					
13	▶ PRÉVY (Hors GR à 1,5 km)		39				•						
5	CHAUMONT		41	•			•						
1,5	COLLONGES		41				•						
1,5	FRANGY		41	•		•		•	•	•	•	•	•
5	VANNECY		41				•						
7	▶ DROISY (Hors GR à 2 km)		43				•						
1	▶ CÔTES (Hors GR à 500 m)		43	•									
0	▶ SEYSSEL (par variante, à 2,5 km)		43	•	•			•	•	•	•	•	•
4	▶ MOTZ (Hors GR à 2 km)		47	•	•				•	•			
5,5	▶ LA CHÉTRAZ (Hors GR)		47				•						
0	▶ SERRIÈRES (Hors GR à 1,5 km)		47	•		•	•		•	•			
6	PONT DE LA LOI		47						•	•			
0	▶ CULOZ (Hors GR à 2 km)		49	•	•			•	•	•	•	•	•
0	▶ LACHAT (Hors GR à 4 km)		49				•						
6	CHANAZ		49			•		•	•	•	•	•	
16	YENNE		51	•	•		•	•	•	•	•	•	•
14,5	ST-MAURICE-DE-ROTHERENS		55	•						•			
7	PIGNEUX		55				•						
1	ST-GENIX-SUR-GUIERS		57					•	•	•	•	•	•

🏠 Gîte d'étape, foyer rural, gîte de groupe
🛌 Chambres d'hôtes, meublé, gîte rural
🏨 Hôtel, auberge
🏕 Camping
🛒 Ravitaillement
🍴 Restaurant
☕ Café
ℹ OT/SI
🗲 Distributeurs de billets *
🚗 Car
🚃 Gare

* Les distributeurs de billets sont signalés dans la description de l'itinéraire.

kilomètres	LOCALITÉS	Pages	Gîte d'étape	Hôtel, auberge	Chambres d'hôtes	Camping	Ravitaillement	Restaurant	Café	OT/SI	Car	Gare
0	▶ AOSTE (hors GR, à 2 km)	57	•						•	•		
3	ROMAGNIEU	57	•	•					•	•		
7	VÉROU	57						•		•		
2	ABRETS	57	•						•	•	•	•
7	VALENCOGNE	61	•						•	•		
7	PIN	61						•		•		
8	FERME DU FUTEAU	63						•				
2	GRAND-LEMPS	63	•					•	•	•	•	•
5	LA FRETTE	65	•						•	•		
3	ST-HILAIRE-DE-LA-CÔTE	65						•	•	•		•
2,5	MONTGONTIER	65	•									
3	LA CÔTE-ST-ANDRÉ	69	•	•					•	•	•	•
9	FARAMANS	69	•					•	•	•		•
5	POMMIER-DE-BEAUREPAIRE	71	•		•	•	•	•	•			
6	▶ PISIEU (Hors GR à 1 km)	71	•						•			
1	REVEL-TOURDAN	71	•					•	•	•		
5	▶ MOISSIEU-SUR-DOLON (Hors GR)	73	•						•	•		
4,5	BELLEGARDE	73						•	•	•		
9	ST-ROMAIN-DE-SURIEU	77					•					
4	ASSIEU	77						•	•		•	
5	AUBERIVES-SUR-VARÈZE	79	•						•			
3	CLONAS-SUR-VARÈZE	79	•					•	•			
6	CHAVANAY	79	•					•	•	•		•
0	▶ LA PETITE-GORGE (Hors GR)	85						•				
6,5	BESSEY	85	•						•	•		
0	▶ PONT JACQUET (Hors GR à 1 km)	85	•									
3	▶ MACLAS (Hors GR à 1 km)	85	•					•	•	•		•
4	▶ ST-APPOLINARD (Hors GR à 500 m)	87					•	•	•	•		
5	ST-JULIEN-MOLIN-MOLETTE	87	•				•	•	•	•	•	•
7	BOURG-ARGENTAL	89	•	•			•	•	•	•	•	•
5,5	▶ BOBIGNEUX (Hors GR à 500 m)	89	•						•			
1,5	▶ ST-SAUVEUR (Hors GR à 1,5 km)	89					•	•	•	•		•
9,5	SÉTOUX	93	•									
5	▶ ST-JULIEN (Hors GR à 2 km)	95	•									
10,5	MONTFAUCON-EN-VELAY	95	•	•				•	•	•		
9	TENCE	97	•	•			•	•	•	•	•	•
8	ST-JEURES	99	•									
4	ARAULES	99						•	•			
7	QUEYRIÈRES	103	•					•		•		
10	ST-JULIEN-CHAPTEUIL	105	•	•			•	•	•	•	•	•
8,5	ST-GERMAIN-LAPRADE	107						•	•	•		
3	BRIVES-CHARENSAC	109	•					•	•	•		
7	PUY-EN-VELAY	109	•	•			•	•	•	•	•	•

🏠 Gîte d'étape, foyer rural, gîte de groupe   À Camping   🍷 Café   🚌 Car

🏨 Hôtel, auberge   🛒 Ravitaillement   i OT/SI   🚃 Gare

🛏 Chambres d'hôtes, meublé, gîte rural   ✕ Restaurant   ◰ Distributeurs de billets *

* Les distributeurs de billets sont signalés dans la description de l'itinéraire.

S'équiper et s'alimenter pendant la randonnée

■ S'équiper pour une randonnée

Pour partir à pied plusieurs jours dans la nature, mieux vaut emporter un minimum d'équipement :

- des vêtements de randonnée adaptés à tous les temps (vent, froid, orage, pluie, neige, chaleur, etc.) ; des chaussures de marche adaptées au terrain et à vos pieds ; un sac à dos ; un sac et un drap de couchage pour certains gîtes d'étape ou refuges qui ne fournissent pas le nécessaire ou si vous campez. N'oubliez pas de demander lors de votre réservation.

- des accessoires indispensables (gourde, couteau, pharmacie, lampe de poche, boussole, grand sac poubelle pour protéger le sac à dos, chapeau, bonnet, gants, lunettes de soleil et crème solaire, papier toilette et couverture de survie).

Plus votre sac sera léger, plus votre randonnée sera agréable.

Dans le commerce, vous n'aurez que l'embarras du choix pour vous équiper. Demandez conseil à un vendeur.

■ S'alimenter pendant la randonnée

Pensez à vous munir d'aliments énergétiques riches en protéines, glucides et fructose, tels que des barres de céréales, pâtes de fruits, fruits secs. Le chocolat est également un bon aliment énergétique, mais il présente l'inconvénient de fondre à l'intérieur du sac. Pensez aussi à boire abondamment, mais attention à ne pas prendre n'importe quelle eau en milieu naturel. Munissez-vous dans ce cas de pastilles purificatrices.

Il est conseillé de lire *Le guide pratique du randonneur* (éd. FFRP, réf. 029), qui contient de nombreux renseignements utiles.

Adresses utiles

■ Le tourisme

Pour tout savoir sur les séjours, activités et hébergements dans la région.

- Comité Régional du Tourisme de Rhône-Alpes, 108 route de Paris, 69200 Charbonnières-les-Bains, tél. 04 72 59 21 59, web : www.rhonealpes-tourisme.com.

- Comité Régional du Tourisme d'Auvergne, 44, avenue des Etats-Unis, 63057 Clermont-Ferrand, Cedex 1, tél. 04 73 29 49 49, fax 04 73 34 11 11, web : www.crt-auvergne.fr

- Agence Touristique Départementale de la Haute-Savoie, 56, rue Sommeiller, BP 348, 74012 Annecy, cedex, tél. 04 50 51 32 31, e-mail : tourisme@cdt-hautesavoie.fr.

- Comité Départemental du Tourisme de la Savoie, 24, boulevard de la Colonne, 73025 Chambéry, Cedex, tél. 04 79 85 12 45, fax 04 79 85 54 68, e-mail : tourisme@cdt-savoie.fr, web: www.savoietourisme.com.

Fédération **F**rançaise
de la **R**andonnée **P**édestre

RandoCarte

Découvrez
tous les avantages
de la RandoCarte
pour randonner
en toute sécurité et
soutenir l'action de
milliers de bénévoles
qui aménagent et
protègent les chemins.

Avec la FFRP...
Partez
d'un Bon Pas !

Une Assurance adaptée

Une Assistance 24h/24

Des Services personnalisés
réservés aux adhérents FFRP

De nombreux Avantages

Pour en savoir plus
et recevoir une
documentation détaillée :

Centre d'information FFRP
01 44 89 93 93
(du lundi au samedi entre 10h et 18h)

ou consuter
notre site Internet :

FFRP
14, rue Riquet - 75019 Paris
Tél.   01 44 89 93 93
Fax   01 40 35 85 67

w w w . f f r p . a s s o . f r

- Comité Départemental du Tourisme de l'Isère, Maison du tourisme, 14, rue de la République, BP 227, 38019 Grenoble, tél. 04 76 54 34 36, web : www.isere.tourisme.com.

- Comité Départemental du Tourisme de la Loire, 5, place Jean Jaurès, 42021 Saint-Etienne cedex 1, tél. 04 77 43 24 42, web : www.cg42.fr.

- Comité Départemental du Tourisme de la Haute-Loire, Hôtel du Département 1, place Monseigneur de Galard, BP 332, 43012 Le Puy-en-Velay, cedex, tél. 04 71 07 41 54, fax 04 71 07 41 55, e-mail : cdt@mididelauvergne.com, web: www.mididelauvergne.com.

■ OT / SI

Pour obtenir des informations touristiques sur les régions, les départements, les sites remarquables, les communes.

- portail tourisme en France, tél. 32 65.

• Unions départementales des Offices de tourisme et Syndicats d'initiative :
- Haute-Savoie, tél. 04 50 45 45 73.
- Savoie, tél. 04 79 85 71 02.
- Isère, tél. 04 76 54 34 36.
- Loire, tél.04 77 21 69 52
- Haute-Loire, tél. 04 71 02 02 15.

■ Randonnée pédestre

Pour adhérer à une association de randonneurs et entretenir les sentiers, ou pour obtenir des informations sur les sentiers.

- Centre d'information de la FFRP, 14, rue Riquet, 75019 Paris, M° Riquet, tél. 01 44 89 93 93, fax 01 40 35 85 67, e-mail : info@ffrp.asso.fr, web : www.ffrp.asso.fr

- Comité Régional de la Randonnée Pédestre de Rhône-Alpes, Chemin de St-Gras, Hameau de Joigny, 73490 La Ravoire.

- Comité Régional de la Randonnée Pédestre d'Auvergne, Place Eugène Chapon, 43200 Saint-Maurice-de-Lignon.

- Comité Départemental de la Randonnée Pédestre de Haute-Savoie, Maison des associations, 3, avenue de la Plaine, 74000 Annecy, tél./fax 04 50 51 39 26, e-mail : cdrp74@wanadoo.fr.

- Comité Départemental de la Randonnée Pédestre de Savoie, Maison des Sports, 90, rue Henri Oreiller, 73000 Chambéry, tél. 04 79 33 05 64, e-mail : cdrp73@wanadoo.fr.

- Comité Départemental de la Randonnée Pédestre de l'Isère, Maison Départementale des Sports, 7, rue de l'Industrie, 38327 Eybens Cedex, tél./ fax 04 38 70 06 69, e-mail : ffrp38@ libertysurf.fr.

- Comité Départemental de la Randonnée Pédestre de la Loire, 1, rue Emile Combe, 42000 Saint-Etienne, tél. 04 77 37 28 24, fax 04 77 41 68 27, e-mail : randoloire@wanadoo.fr.

- Comité Départemental de la Randonnée Pédestre de la Haute-Loire, 23, rue Boucherie Basse, 43000 Le Puy-en-Velay, tél. 04 71 04 15 95, fax : 04 71 09 08 41 e-mail : randohauteloire@wanadoo.fr, web : www.lacroiseedeschemins.com.

■ Divers

- Société Française des Amis de Saint-Jacques-de-Compostelle, 8, rue des Canettes, 75006 Paris, tél. 01 43 54 32 90.

- Amis du Chemin de Saint-Jacques de Compostelle, association helvétique, Président Adrien Grand - 37 E route de Pré-Marais, CH 1233 Bernex, tél / fax : 02 27 57 36 55, e-mail : adrien.grand@span.ch

- Amis de St-Jacques Rhône-Alpes, 9, place des Maisons Neuves, F 01800 Villieu, tél. 04 74 61 46 89, internet : www.amis-st-jacques.org

- Parc naturel régional du Pilat, Maison du Parc, Moulin de Virieu, 42410 Pélussin, tél. 04 74 87 52 00.

L'Association Rhône-Alpes des Amis de Saint-Jacques

L'Association Rhône-Alpes des Amis de Saint-Jacques a été créée, en 1993, par quelques anciens pèlerins. Elle couvre les huit départements de la Région : Ain – Ardèche – Drôme – Isère – Loire – Rhône – Savoie – Haute-Savoie). Elle compte, aujourd'hui, environ 1 400 membres.

Bien vite, elle a été sollicitée par ses collègues suisses et allemands pour réfléchir à un itinéraire jacquaire possible entre Genève et le Puy-en-Velay. Compte tenu de sa situation géographique et économique, Genève a toujours été une ville de passage des flux de voyageurs venant de l'est. De là, les pèlerins de Saint-Jacques rejoignaient le Puy-en-Velay ou Arles, deux localités désignées depuis le XIIe siècle comme lieux de regroupement des jacquets à destination de Santiago (Guide du pèlerin, attribué à Aimery Picaud, écrit vers 1140).

L'itinéraire proposé aujourd'hui, la Via Gebennensis, a été initialisé et organisé par l'association Rhône-Alpes des Amis de Saint-Jacques avec l'aide des collectivités locales et des comités locaux de la FFRP. Par la suite, son homologation en « Chemin de Grande Randonnée – sentier GR® 65 » assure au tracé la pérennité nécessaire et sa reconnaissance en tant qu'itinéraire jacquaire européen majeur. Depuis sa création, un guide de renseignements pratiques, mis à jour chaque année, est à la disposition des pèlerins. Ce topo-guide de la FFRP vient compléter avec bonheur, les documents pour les randonneurs.

L'Association Rhône-Alpes des Amis de Saint-Jacques a créé d'autres itinéraires sur son territoire ; Cluny – Le Puy pour les pèlerins venant du nord (guide Chamina n° 207) et Genève-Arles en cours de repérage final pour la partie sud (guide Vert de l'Association).

En plus de sa vocation d'aide et de renseignements aux futurs pèlerins, l'Association assure d'autres missions, en particulier la création d'un inventaire du patrimoine jacquaire régional et son développement artistique.

Association Rhône-Alpes des Amis de Saint-Jacques.
9 place des Maisons Neuves – F 01800 VILLIEU
Tél. 04 74 61 46 89
www.amis-st-jacques.org

Bibliographie, cartographie

■ Connaissances géographiques et historiques de la région

- Les Guides Verts, éditions Michelin : *Alpes du Nord, Vallée du Rhône, Auvergne.*
- *Haute-Savoie*, Guides Gallimard, 1997.
- *Savoie*, Edition Christine Bonneton, Paris, 1997.
- *Rhône-Alpes*, Guides bleus, Hachette, 1991.
- *Parc naturel régional du Pilat*, Guides Gallimard, 2000.
- *Loire en Rhône-Alpes*, Edition Christine Bonneton, Paris, 1999.
- *Auvergne, Bourbonnais, Velay*, Guides Bleus, Hachette, 1997.
- Roger Girel, *Le vignoble savoyard et ses vins*, Glénat, Grenoble, 1985.
- Jean-Pierre Hervet, *Les Alpes françaises*, Editions Ouest-France, Rennes, 2001.
- Arnold Van Gennep, *La Savoie : vie quotidienne, fêtes profanes et religieuses, contes et légendes populaires, architecture et mobilier traditionnels, art populaire*, Editions Curandera, Aubenas, 1991.
- J. Peyrard, *En Loire, Haute-Loire, Ardèche, avec les brigands et bandits de grand chemin*, Le Hénaff Editeur, Saint-Etienne, 1981.
- A. et S. Mouraret, *Gîtes et refuges*, Rando Editions.

■ Pèlerinage

- Barral I Altet X., *Compostelle, le grand chemin*, Paris, Découvertes Gallimard, 1993.
- Barret P. et Gurgand J.-N., *Priez pour nous à Compostelle*, Paris, Hachette Littératures, 1999 (dernière édition).

- Bruna D., *Enseignes de pèlerinage et enseignes profanes, musée national du Moyen Âge*, Paris, Réunion des Musées Nationaux, 1996.
- *Le Guide du pèlerin de Saint-Jacques-de-Compostelle.* Texte latin du XIIe siècle édité et traduit en français d'après les manuscrits de Compostelle et de Ripoll, sous la direction de J. Vielliard, Paris, Librairie philosophique J. Vrin, 1990.
- Sophie Martineaud, *Le livre d'or de Compostelle, 100 légendes et récits de pèlerins du Moyen Age à nos jours*, Editions Flammarion, Paris, 2004.
- Jean Bourdarias, Michel Wasielewski, *Guide européen des chemins de Compostelle*, Fayard, 1996.

Itinéraire Genève-Le-Puy-en-Velay
- Léo Gantelet, *En si bon chemin... vers Compostelle*, Editions Lepère, 2002.
- A. Weill, *T'es toi quand tu marches*, Editions Mercure – Dauphinois, 2003.
- Michel Tournade, *Trois chemins vers le couchant*, roman, Editions Le Vieil Annecy, 2004.
- Christian Chérasse, *Pas à pas sur les chemins de l'essentiel*, Seynod.
- *Vers Compostelle, chemin de Saint-Jacques de Genève au Puy-en-Velay*, Association Rhône-Alpes des Amis de Saint-Jacques, film de 48 mn, disponible en DVD et Cassette VHS.

■ Cartographie

- Cartes IGN au 1 : 25 000 : 3429 OT, 3330 OT, 3331 OT, 3332 OT, 3232 ET, 3233 O, 3133 E et O, 3033 E et O, 2933 ET, 2934 ET, 2935 ET, 2835 OT.
- Cartes IGN au 1 : 100 000 : n° 44, 51 et 50.
- Cartes Michelin au 1 : 200 000 : n° 244 et 239.

INSTITUT GEOGRAPHIQUE NATIONAL

CARTES IGN

LE PLAISIR
DE LA DÉCOUVERTE

**SILLONNER LA PROVENCE,
SUIVRE LE COURS DE
LA LOIRE, REDÉCOUVRIR
LA NORMANDIE...**
Les cartes topographiques
TOP 100, TOP 25, SÉRIE
BLEUE ET LOISIRS DE PLEIN
AIR vont vous faire
découvrir des petits coins
de paradis perdus. Conçues
pour combler tous ceux
qui souhaitent percer
l'âme d'un pays, ces cartes
recensent routes et sentiers,
villages et habitations,
végétation, reliefs et cours
d'eau...

À pied, à vélo ou à cheval,
une foule d'informations
pour organiser vos balades
en toute liberté.

www.ign.fr

Tout sur les
CARTES IGN

Cartes IGN en vente en librairies, grandes surfaces, magasins de
sport, dans les Espaces IGN de Paris et Dijon et sur www.ign.fr

Il y a, explique Aymeri Picaud (1) dans son Guide du XIIe siècle, quatre routes qui, menant à Saint-Jacques, se réunissent en une seule à Puenta la Reina, en territoire espagnol ; l'une passe par Saint-Gilles (du Gard), Montpellier, Toulouse et le Somport ; une autre par Notre-Dame du Puy, Sainte-Foy de Conques et Saint-Pierre de Moissac ; une autre traverse Sainte-Marie-Madeleine de Vézelay, Saint-Léonard en Limousin et la ville de Périgueux ; une autre encore passe par Saint-Martin de Tours, Saint-Hilaire de Poitiers, Saint-Jean d'Angély, Saint-Eutrope de Saintes et la ville de Bordeaux.

« La route qui passe par Sainte-Foy, celle qui traverse Saint-Léonard et celle qui passe par Saint-Martin se réunissent à Ostabat et, après avoir franchi le col de Cize, elles rejoignent à Puenta la Reina celle qui traverse le Somport ; de là, un seul chemin conduit à Saint-Jacques... ».

(1) Aymeri Picaud, moine poitevin, originaire de Parthenay-le-Vieux. Il effectua le pèlerinage vers 1123 et rédigea le très précieux « Guide du pèlerin de Saint-Jacques-de-Compostelle ».

Réalisation

Le sentier GR® 65 a été créé et est entretenu par les baliseurs des Comités Départementaux de la Randonnée Pédestre (CDRP) de la Haute-Savoie, la Savoie, l'Isère, la Loire et la Haute-Loire.

Ont contribué à la rédaction de cette œuvre collective :
• Description de l'itinéraire :
- CDRP Haute-Savoie : Nadine Serand,
- CDRP Savoie : Jean-Luc Galland, Michèle Looten
- CDRP Isère : Claude Hameline,
- CDRP Loire : Frédéric Béal,
- CDRP Haute-Loire : Christian Bertholet et Brice Arnaud,
La description a été relue et réécrite par Marie-France Hélaers.

• Articles thématiques :
- Sophie Martineaud.

Remerciements tous particuliers à :
- Henri Jarnier et l'association Rhône-Alpes des Amis de Saint-Jacques (Léo Gantelet, Manuel Arthus et Christian Chérasse).
- Adrien Grand, président de l'association helvétique des Amis du Chemin de Saint-Jacques.
- Jean-Marc Lécuyer, Sophie Dahoun, Jacques Andrey, pèlerins.

Cette opération a été réalisée grâce au concours financier :
- du Commissariat à l'Aménagement et au Développement Économique du Massif Central.
- du Conseil Général de l'Isère,
- du Conseil Général de la Loire,
- du Conseil Général de la Haute-Loire,
- de la FFRP.

Montage du projet, direction des collections et des éditions : Dominique Gengembre. **Coordination éditoriale :** Brigitte Bourrelier. **Secrétariat d'édition :** Nicolas Vincent, Philippe Lambert, Janine Massard. **Mise en pages :** MCP, Clémence Lemaire, Nicolas Vincent. **Lecture et corrections :** Brigitte Bourrelier, Jean-Pierre Feuvrier, Elisabeth Gerson, Anne-Marie Minvielle, Hélène Pagot, Gérard Peter, Michèle Rumeau. **Cartographie :** MCP, Olivier Cariot et Frédéric Luc. **Suivi de la fabrication :** Jérôme Bazin, Marie Décamps, Clémence Lemaire. **Création maquette :** FFRP.

La FFRP et les routes de Saint-Jacques

Pour satisfaire à ses engagements, la FFRP a entrepris, depuis plusieurs années, la création ou la réhabilitation d'anciens itinéraires connus pour avoir été empruntés par des pèlerins en route vers Saint-Jacques-de-Compostelle.

Le sentier GR® 65, qui commençait au Puy-en-Velay pour se terminer à Saint-Jean-Pied-de-Port au pied des Pyrénées, est intégralement balisé depuis une trentaine d'années et il est décrit dans un topo-guide en trois tomes. Cette route est maintenant précédée d'un tronçon Genève-Le Puy que pourront emprunter les randonneurs pèlerins en provenance de Suisse, d'Allemagne et d'Europe centrale. Il s'agit ici d'un itinéraire contemporain aménagé en collaboration avec les Amis de Saint-Jacques, en Rhône-Alpes.

Concernant la via Turonensis ou route de Paris, elle est balisée en continu depuis Tours jusqu'aux confins de la région Poitou-Charentes. Un topo-guide correspondant au sentier GR® 655 et aux deux voies secondaires situées de part et d'autre leur est consacré. Il vient de paraître pour l'année jacquaire 2004. Les tronçons situés en amont et en aval de cette portion sont en cours d'aménagement et seront par la suite accompagnés d'un topo-guide.

Statue de St-Jacques dans la cathédrale du Puy-en-Velay. *Photo Léo Gantelet.*

Le balisage du sentier GR® 654 débute en amont de Vézelay, à Namur, en Belgique. Il suit un parcours jadis fréquenté par des pèlerins venus des Flandres, des Pays-Bas et du Nord de l'Europe, puis il emprunte en partie la Voie de Vézelay jusqu'en Dordogne. Il la quitte alors pour rejoindre le sentier GR® 65 à Montréal-du-Gers. Mais il est prévu par la suite de reprendre un itinéraire occidental plus fidèle au tracé historique. Un premier topo-guide couvre la partie Namur-Nevers ; un deuxième tome, de Vézelay à Montréal-du-Gers, vient de paraître à l'occasion de cette année jacquaire.

Aménagé depuis longtemps, le sentier GR® 653 qui parcourt la voie d'Arles, a été « débalisé » en fin de parcours, entre Accous et le col du Somport, en raison des travaux routiers dans la vallée d'Aspe et pour garantir la sécurité des randonneurs. Néanmoins, le Conseil Général des Pyrénées-Orientales travaille à l'élaboration d'une solution pédestre sûre. Un topo-guide a été co-édité (et réédité) par la FFRP et Rando-Editions. Deux itinéraires sont par ailleurs en projet en amont d'Arles, au départ de l'Italie, correspondant aux deux voies historiques, la voie Domitienne au Nord et la voie Aurélienne au Sud.

Les Sentiers GR®
vers Saint-Jacques-de-Compostelle
en France

Cheminements pédestres existants
Cheminements pédestres en cours de réalisation
Cheminements pédestres en projet
Principaux Chemins historiques

La via Gebennensis,
un itinéraire de Saint-Jacques

Si une grande partie des pèlerins partait pour Saint-Jacques-de-Compostelle de Paris, Vézelay, Le Puy ou Arles, un certain nombre commençait leur pèlerinage plus en amont, notamment de villes plus proches de leur lieu d'habitation. La route débutant à Genève fait partie de ces itinéraires rattachés à une voie principale (via Podiensis ou via Tolosana), en traversant la Savoie et le Dauphiné pour rejoindre le Forez, le Velay ou la Provence. Mais rien n'empêche de lui donner un nom traditionnel la rattachant à l'histoire du pèlerinage, à savoir la via Gebennensis, du nom de son point de départ, Genève. Après tout, pourquoi ce chemin n'aurait-il pas lui aussi droit à son nom latin : soit le substantif via, suivi de l'adjectif relatif à sa ville de départ, Genève ? L'adjectif *gebennensis* est d'ailleurs attesté dans les textes au Moyen Age. En effet, la ville de Genève, riche d'un important passé religieux, mérite reconnaissance au même titre que d'autres. C'était une cité importante au Moyen Age, d'une grande vitalité économique, de renommée internationale et siège d'un évêché, tout comme Tours, Limoges, Le Puy ou Arles. C'est donc à bon droit qu'elle peut donner son nom à un itinéraire de Saint-Jacques.

■ D'après Laurent Perrillat, archiviste paléographe

Retrouvez
la FFRP
sur
internet

www.ffrp.asso.fr

● Pour connaître toute l'actualité de la randonnée.

● Pour découvrir les derniers topo-guides parus.

● Pour trouver une formation à la randonnée ou une association de randonneurs avec qui partir sur les sentiers.

Un bref aperçu de la région

Digitale pourpre. *Dessin Nathalie Locoste.*

Près de St-Maurice-de-Rotherens, sur le sentier GR® 65. *Photo Manuel Arthus.*

Un périple sous le signe de la moyenne montagne

De Suisse jusqu'en Haute-Loire, cet itinéraire de Saint-Jacques qui suit de loin en loin la vallée du Rhône, chemine à travers les anciennes provinces de Savoie et du Dauphiné, visitant au passage Haute-Savoie, Savoie et Isère. Du massif alpin aux confins méridionaux de la chaîne du Jura, il monte à travers le massif du Pilat, dans la Loire, avant de s'achever au mont Meygal et sur les hautes terres du Velay oriental, en Haute-Loire.

Dans le sillage du fleuve Rhône

A la sortie de Genève, le randonneur traverse l'Arve par le Pont-Neuf de Carouge avant de s'acheminer vers la frontière franco-suisse, dominé par la masse puissante du mont Salève. C'est à Saint-Julien-en-Genevois que l'on pénètre en France et que l'on découvre la première signalétique sentier GR® 65.

Le Puy-en-Velay est à 335 km, et Santiago à 1 854 km.

Peu à peu, le marcheur prend de la hauteur, traversant la forêt de la Chartreuse de Pomier, s'élevant jusqu'au col du Mont-Sion. Une fois redescendu, le randonneur trace sa route entre les bocages, à travers un paysage vallonné partagé entre champs et prairies, avant d'atteindre un haut plateau offrant une vue dégagée sur les sommets enneigés du Jura.

Au sortir de Frangy, on foule l'ancienne Route du Sel, sur le tracé de la voie romaine qui reliait Vienne à Genève. Une fois passé Desingy, l'horizon s'ouvre sur la vallée du Rhône et sur le pays de Seyssel, enchâssé entre le Grand Colombier et la Montagne des Princes, derniers soubresauts du Jura. Bordant le Rhône, enclavée entre le Fier et le canal de Savière, la Chautagne alterne ses coteaux tapissés de vignobles et ses marais drainés cultivés de peupliers. Le climat y est si doux qu'on parle de « petite Provence de la Savoie ». Après avoir longé l'étroit couloir rhodanien jusqu'à Chanaz, le sentier entraîne le voyageur vers les vignobles de Jongieux. Passé Yenne, capitale du Bugey savoyard ou Petit Bugey, l'horizon se pique de cimes montagneuses, tandis que l'on franchit le mont Tournier, modeste chaînon calcaire. La traversée du Guiers marque l'entrée en Isère, tandis qu'alentour moutonnent les collines verdoyantes du Bas-Dauphiné. Voici Gillonnay où certains choisiront de bifurquer vers le Sud, vers Saint-Antoine-l'Abbaye et le chemin d'Arles.

Du massif du Pilat au mont Meygal
Après la traversée du Rhône, entre campagnes et forêts, le marcheur atteint les contreforts du massif du Pilat. Peu à peu, vergers et vignobles cèdent la place aux plateaux et pâturages. Voici le Parc naturel régional du Pilat, avec ses genêts, ses bruyères et ses sapins, ses eaux vives où l'on pêche la truite, ses bois épais où courent d'interminables sentiers débouchant sur de lumineuses clairières. Tandis que l'on approche du Vivarais, l'altitude augmente doucement jusqu'à dépasser les 1 000 m au col du Tracol. Les arnicas de la prairie disparaissent au profit de la callune et des rochers. Puis, en Haute-Loire, l'empreinte volcanique prend peu à peu possession du paysage, grandes orgues basaltiques à Queyrières ou pitons volcaniques s'élevant du bassin de Saint-Julien. La progression mène jusqu'au mont Meygal. Alentour, la forêt enveloppe le radonneur de son manteau dense et accueillant,

Vierge à l'enfant, statue colossale au Puy-en-Velay.
Photo Léo Gantelet.

futaie de résineux associant pins syl-vestres, sapins et épicéas. L'arrivée sur le Puy-en-Velay donne un avant-goût du but final galicien, car ici aussi, l'une des der-nières étapes s'appelle « Montjoie ». On y découvre d'un seul regard la cité ponote enchâssée dans son écrin de pics volca-niques, hérissée de rochers insolites en haut desquels se dressent, ici une chapelle, là une statue monumentale de la Vierge, là enfin la cathédrale. Autant d'étonnantes visions qui rappellent au visiteur la voca-tion ancestrale de cette cité de pèlerinage.

Usine, à Saint-Julien-Molin-Molette.
Photo Frédéric Béal / CDRP42.

Une économie très diversifiée

En région Rhône-Alpes, la part de l'agri-culture dans l'économie est légèrement inférieure à la moyenne nationale. Elle représente toutefois 6% de la production agricole française. Si une place importante est réservée aux céréales et aux oléagi-neux, le vin et les fruits tiennent un rôle non négligeable. L'élevage concerne princi-palement la production laitière et ses dérivés. Sur le plan industriel, la région se place au premier rang national pour l'éla-boration de biens intermédiaires, notam-ment en métallurgie, chimie, plasturgie et composants électroniques. Les autres domaines bien représentés en Rhône-Alpes sont la filière mécanique, l'industrie pharmaceutique et textile, tandis que l'ar-tisanat conserve un rôle important.

Le développement économique de la région Auvergne reste freiné par son faible réseau de communication. L'agriculture occupe la première place avec l'élevage bovin (production de viande, lait et fro-mage) venu peu à peu remplacer les cul-tures traditionnelles. Fréquemment issue de l'artisanat (bois, laine, cuir), l'industrie reste modeste (chimique, automobile, acier fin).

Au sommet du Grand Testavoyre, Meygal.
Photo Christian Bertholet.

L'itinéraire

Le sentier GR® 65
de Genève (Carouge) au Puy-en-Velay

▶ L'itinéraire débute à Carouge, facilement accessible de la gare de Genève-Cornavin par des bus urbains.

De **Carouge** à **Compesières**   `5 km` `1 h 15`

A Genève - Carouge :

Carouge, ville d'origine romaine, présente un exemple unique en Europe d'urbanisme post-médiéval construit en grande partie au XVIIIe siècle sur ordre du roi de Sardaigne, duc de Savoie. La ville fut rattachée à Genève en 1816 à la suite du congrès de Vienne.

1 Après le pont de **Carouge** qui enjambe l'Arve, traverser la place de l'Octroi à gauche, puis emprunter l'avenue du Cardinal-Mermillod, la rue Vautier, la rue Ancienne et déboucher sur la place du Rondeau.

2 Poursuivre par la route de Drize et arriver à l'arrêt de bus de Grange-Collomb. Continuer sur 30 m.

3 S'engager à droite sur le chemin du Bief-à-Dance et franchir la Drixe au cœur d'un vallon boisé. Au carrefour, continuer en face par la route du Saconnex-d'Arve.

4 A l'entrée du hameau, bifurquer à gauche sur la route de l'Abérieu qui conduit au Saconnex-d'Arve-Dessus. Traverser le hameau vers le Sud et emprunter la voie vélo-pédestre le long de la route qui mène à **Compesières**.

▶ Pour d'éventuelles formalités douanières, possibilité de gagner à gauche le poste-frontière de Croix-de-Rozon. Longer ensuite la N 206 vers Saint-Julien-en Genevois, pour retrouver l'itinéraire.

> **Hors GR® pour Collonges-sous-Salève :** `2 km` `30 mn`
>
> *A Collonges-sous-Salève :*
>
> Se diriger à gauche vers Croix-de-Rozon, passer la frontière, et continuer vers l'Est et atteindre **Collonges-sous-Salève**.

De **Compesières** à **Charrot**   `0,5 km` `10 mn`

Compesières : église Saint-Sylvestre, ancienne commanderie de l'ordre des Hospitaliers de Saint-Jean-de-Jérusalem nommés plus tard Chevaliers de l'Ordre de Malte, tombes de dignitaires de l'ordre de Malte.

5 A **Compesières**, continuer dans la même direction et atteindre **Charrot**.

Remarquer dans le paysage les arbres au tronc ventru. Souvent creux, le tronc est susceptible d'accueillir la rare chouette chevêchette (les arbres sont soumis à protection).

Sur les pas des pèlerins de jadis

Dès le Moyen Age, de nombreux pèlerins qui empruntaient l'un des quatre itinéraires principaux traversant la France, arrivaient de points d'Europe beaucoup plus orientaux ou septentrionaux : d'Italie, de Suisse, d'Autriche, de Bavière, de Hongrie, de Pologne, de Bohême, de Croatie, d'Estonie, de Suède, de Norvège, etc.

Charlemagne en pèlerinage. *Photo dagli-orti.*

Certains pèlerins en provenance de Hongrie, Croatie et de plus loin, obliquaient à Innsbruck vers le Sud par la Route du Brenner, et ralliaient Turin, puis Arles. Les autres préféraient emprunter l'Oberstrasse (la route Haute) qui les menait jusqu'à Einsiedeln, haut lieu de pèlerinage, à Berne, puis à Genève. Néanmoins, à chaque pèlerin sa route vers Compostelle...

En 1462, l'Allemand Sebald Rieter entreprend le grand voyage à « Saint-Jacques en Galice et Finisterre », sur les traces de son père Peter parti en pèlerinage à Compostelle trente ans plus tôt. Il veut ainsi entretenir une tradition familiale de pèlerinage existant chez les nobles d'Europe du Nord. Parti de Nuremberg avec un serviteur, Sebald Rieter, après avoir séjourné en Bavière où Ludwig IX leur délivre sauf-conduits et lettres de recommandation, ils franchissent les Alpes au col du Simplon. A Genève où ils passent les fêtes de la Nativité, ils sont rejoints par d'autres compagnons. De Genève, ils repartent à dix pour rallier la ville d'Avignon. Si l'on ne connaît pas précisément la suite de leur périple, on sait qu'au retour, ils repassent par Genève avant de s'en retourner jusqu'à Nuremberg.

A la fin du XVe siècle, un moine Allemand, Herman Künig von Vach accomplit le pèlerinage d'Einsiedeln à Compostelle, dont il rapportera un petit guide de pèlerinage rédigé en vers, qui établit un décompte précis des lieux traversés, des distances, des possibilités d'hébergement et de la qualité des eaux. A Lausanne, Künig recommande d'honorer sainte Anne, puis il écrit : « Dans la belle ville de Genève, je te conseille la maison de l'aubergiste allemand qui porte une image de saint Jacques, où tu trouveras à boire et à manger à bon prix ».

Plus tard, en 1538, un Italien, Bartolomeo Fontana, part de Venise et profite de son périple pour visiter les sanctuaires d'Assise et de Rome. De son récit, on retiendra qu'il emprunte la via Francigena, faisant étape à Sienne, Bologne, Mila, avant de passer en Suisse. De Bâle, il se dirige vers la frontière française à partir de laquelle il a peut-être emprunté une partie du présent itinéraire avant de rejoindre Lyon. Il rentrera chez lui une année plus tard.

Genève, relais de pèlerins

Les archives attestent que Genève posséda un hôpital Saint-Jacques-du-pont-du-Rhône, fondé en 1359 par Pierre du Pont, et pourvu d'une chapelle Saint-Jacques-et-Saint-Sébastien. L'établissement disparaîtra à la Réforme. La cathédrale Saint-Pierre possède un vitrail sur lequel saint Jacques, reconnaissable au bâton et à la coquille, est drapé du manteau royal bordé d'hermine. Au Moyen Age, les pèlerins se retrouvaient à la place du Bourg de Four, au restaurant de la Clémence qui existe toujours. Une coquille sur cet immeuble, au Sud, est toujours visible. Quelques kilomètres plus loin, le château de Compesières conserve le souvenir de la commanderie des Hospitaliers de Saint-Jean-de-Jérusalem. Cet ordre religieux fondé au XIIᵉ siècle pour protéger les pèlerins en route pour la Terre sainte, occupa le château genevois du XVᵉ siècle jusqu'à la Révolution française où il accueillait les pèlerins.
Aujourd'hui, on peut y visiter sur demande un musée de l'Ordre de Malte (1).

Vitrail représentant saint Jacques, situé dans le chœur de la cathédrale Saint-Pierre de Genève. Il fut donné par le chanoine André de malvenis en 1487 (restauré en 1909). On retrouve sur saint Jacques les attributs de pèlerins : sandales, bourdon à pique, chapeau à coquille.
Photo Les Amis du chemin de Saint-Jacques - Suisse.

De **Charrot** à **Neydens**   4 km   1 h

A Neydens : 🏠 ⛺ 🍺 🍴 ℹ️ 🚌

6 A **Charrot**, continuer au Sud par le chemin de La Checande. Il traverse les vignes et conduit à la frontière.

L'itinéraire quitte la Suisse (canton de Genève) pour entrer en France (département de la Haute-Savoie). Ne pas oublier ses papiers d'identité.

7 Traverser la N 206 et prendre en face le chemin des Crêts-d'Acier. Franchir la voie ferrée et continuer à droite par un bon chemin. Emprunter la route à droite puis, Chez-Jacques, le chemin d'Huffin à gauche et franchir l'A 40. Dans le virage de la route, poursuivre au Sud par un long chemin qui arrive à **Neydens** (*570 m*) (*panneau d'informations*).

De **Neydens** à **Beaumont**   4 km   1 h

A Beaumont : 🏠

Le monument aux morts de Neydens, situé au milieu du carrefour, est une ancienne borne miliaire romaine sur la voie d'Annecy à Genève.

8 Devant l'église de **Neydens**, prendre la D 178 à gauche vers le Salève et gagner La Forge (*alimentation*). Emprunter la D 18 (*route fréquentée : prudence*) à droite sur 80 m, puis s'engager à gauche sur le chemin de Lire qui grimpe à Moisin. Monter par le chemin de La Chapelle (*panorama vers l'Est*). Dans les lotissements de Vernières, parcourir la D 145 à gauche, la rue à droite et parvenir en haut du hameau (*bien suivre le balisage*).

9 Tourner à droite puis, à la sortie du hameau, emprunter le chemin empierré à gauche (*Sud-Est*). A proximité d'un réservoir, s'orienter vers l'Ouest et poursuivre sur un chemin à travers champs. Prendre la route à gauche et arriver à l'église de **Beaumont** (*752 m*).

De **Beaumont** à **Saint-Blaise**   5 km   1 h 15

Beaumont : église Saint-Etienne néo-classique sarde de 1848, statue de saint Jacques (de E. Briot, 1998).

10 Devant l'église de **Beaumont**, prendre à l'Est la D 177 et passer devant le cimetière. A Jussy, continuer par la route de Pomier et, au bout, entrer dans le domaine privé de la chartreuse de Pomier (*respecter les lieux et ne pas s'écarter du chemin*). Le chemin traverse le bois de Pomier (*forêt de hêtres, statut de pèlerin de Jo. Brand natif de Pomier*) et arrive à la chartreuse de Pomier (*780 m*).

Vestiges de l'ancienne chartreuse fondée en 1170 par Amédée Ier, comte de Genève et de Vaud. La chartreuse comprenait entre autres les douze cellules pour les moines, l'église Notre-Dame-de-Pomier, trois chapelles, un petit et un grand cloître. Pendant la Révolution, en 1794, les chartreux furent chassés et les bâtiments abandonnés. Il ne reste que le bâtiment principal, la cellule du sacristain et les corps de ferme.

Eglise de Frangy. *Photo Monique Rezvoy / CDRP74.*

L'accueil des pèlerins au col du Mont-Sion

Une ancienne voie romaine reliait Aoste (anciennement Augustum) en Isère, à Genève, en passant par Yenne, Seyssel et le col du Mont-Sion. Puis, elle longeait la rive gauche du Rhône avant d'emprunter la rive Sud du lac Léman pour rejoindre le Valais. A Neydens, sur un site gallo-romain, une borne romaine témoigne de cette ancienne voie, sur laquelle se greffera plus tard la Route du Sel.

Après un magnifique bois de fayards (hêtres) plusieurs fois centenaires, on arrive à la Chartreuse de Pomier qui fut fondée en 1170 par les comtes de Genève et Vaud. De cette Chartreuse qui rayonna sur toute la région, il ne reste du XIIe siècle que les magnifiques caves et le portique de l'entrée, ainsi que le bâtiment principal Renaissance qui abritait les appartements royaux. Les Chartreux de Pomier ont fondé l'hospice au col du Mont-Sion, qui hébergeait les voyageurs et les pèlerins.

Chartreuse de Pomier (portique XIIe siècle
Photo Nadine Serand / CDRP74.

Le vignoble de Savoie

Le vignoble apparaît en Savoie dès la colonisation romaine. Longtemps après, les meilleurs crus de la région seront acheminés vers la Suisse et la table des comtes de Genève. Les vins de Savoie, étendus sur un vignoble de 2 000 hectares, réunissent une production très diversifiée, basée sur quelques cépages régionaux, tel l'altesse qui aurait été introduit en Savoie à partir de Chypre. Frangy est réputé pour sa « roussette », vin blanc, sec et mousseux. De couleur jaune paille, ce vin issu de cépage altesse, se distingue par son nez de fleurs blanches et de violette, ses arômes de noisette, abricot et miel. Chaque année, Frangy célèbre sa roussette au premier samedi du mois d'août. A Seyssel (le plus ancienne AOC de Savoie – 1942), on trouve les meilleurs blancs, vins mousseux élaborés à partir des cépages altesse et molette, dégageant des arômes de violette et d'orange amère. Le terroir de Jongieux est connu pour son cru marestel, qui marie blancs secs et fruités (jacquère, chardonnay), et rouges légers (gamay, pinot) ou plus typés (mondeuse). Enfin, la Chautagne offre son vin rouge à la robe d'un pourpre lumineux, issu le plus souvent du cépage gamay. Ce vignoble est aussi présent dans la Combe de Savoie et les hameaux d'Apremont.

11 Après la chartreuse, prendre le large chemin qui monte vers le Sud entre deux maisons. Poursuivre au pied du Salève sur 2 km. Avant le village, emprunter le chemin à droite et arriver au cimetière de **Saint-Blaise** (*875 m*).

Les populations de l'âge de fer ont laissé de nombreuses traces sur le Salève, notamment dans les grottes. Des débris celtiques et gallo-romains ont également été retrouvés.
L'alpinisme a connu ses début au Salève, le mot varappe vient du nom d'un couloir au-dessus de Collonges.

▶ Jonction avec le GR® Balcon du Léman qui arrive à gauche de Saint-Blaise. A droite, les deux GR® sont communs jusqu'à Chaumont.

De **Saint-Blaise au col du Mont-Sion** | I km | 15 mn |

Au col du Mont-Sion : ⌂ ✕

12 Au cimetière de **Saint-Blaise**, tourner à droite, passer la croix de bois, puis descendre au **col du Mont-Sion** (*785 m*) (*panneau d'informations*).

Du **col du Mont-Sion** à **La Motte** | 7 km | 2 h |

13 Au **col du Mont-Sion**, traverser la N 201 (prudence) et monter par le chemin à la croix du Vin (*850 m*). Suivre le chemin à gauche (*Sud*) et descendre à Charly (*chapelle Saint-Jacques avec crucifix du Moyen-Age et vitrail de Saint-Jacques et de Saint-Pierre, reconstruite en style gothique en 1541, clocher à bulbe XVIIIe*). Traverser le haut du village, puis emprunter la D 23 en contrebas dans le virage à droite.

14 A la sortie du virage, s'engager à droite sur le bon chemin empierré qui monte vers l'Ouest. A la croix Biche, traverser la D 23 et continuer en face par la petite route qui mène au hameau de Chez-Grésat (*panorama sur Genève, le lac Léman, la chaîne des Alpes et le Jura*). Prendre la route à gauche et poursuivre par le chemin (*Sud*) qui descend à **La Motte** (*689 m*). Emprunter la D 123.

De **La Motte** à la **D 7** | 6 km | I h 30 | ▬

15 A la sortie de **La Motte**, à la croix, grimper par le raidillon. Tourner à gauche, traverser le bois et atteindre la crête (*740 m*). Le chemin vire à gauche, continue en lisière, puis descend à droite (*Ouest*) le long d'une haie (*chemin un peu marqué*).

16 Tourner à gauche, passer Vernet et continuer par la route sur 1,5 km. Au parking du parcours sportif, poursuivre tout droit à travers le bois de Massy. Au carrefour, prendre la route à droite sur 500 m et continuer par le large chemin empierré. Après une longue descente le long d'une ligne à haute tension, déboucher sur la **D 7**.

Hors GR® pour Prévy : | 1,5 km | 20 mn |

A Prévy : 🛏

Voir tracé en tirets sur la carte.

De la D 7 à Chaumont `5 km` `1 h 30`

A Chaumont : 🏠 ✖

17 Traverser la **D 7**, continuer la descente, franchir le pont de Peccoud et remonter par le chemin. Emprunter la route à droite, bifurquer à droite et gagner Contamine-Sarzin (*église XVIIᵉ*). Avant l'église, tourner à droite et poursuivre par la route.

18 Aux Prés-du-Mont, descendre à droite au pont du Pissieu (*437 m ; daté de 1721, il franchit le Fornant ; cluse entre les monts Vuache et Musièges*). Remonter en coupant les lacets de la D 187 et atteindre Le Malpas. Tourner à gauche et, à la sortie du hameau, se faufiler à droite entre deux maisons pour trouver le chemin qui grimpe en sous-bois. La pente s'adoucit. Arriver Chez-Margoët, près de **Chaumont** (*640 m*)
▶ Séparation du GR® *Balcon du Léman* qui traverse la montagne du Vuache.

De Chaumont à Collonges `1,5 km` `25 mn`

A Collonges d'En-Haut : 🛏

A la sortie de Chaumont, direction Frangy, maisonnette ornée d'un cœur et d'une coquille portant les initiale F.B. et la date de 1782.

19 Laisser **Chaumont** à droite, couper un lacet de la D 147, puis la suivre sur 300 m. Dans le virage, prendre le chemin qui passe au-dessus des vignes puis descend. Emprunter la route à droite jusqu'à **Collonges**.

De Collonges à Frangy `1,5 km` `20 mn`

A Frangy : 🏧 ⛺ 🍴 ✖ ☕ 🛒 ℹ️ 🚌

20 A **Collonges**, descendre vers une ancienne ferme-château, la contourner par le bas, continuer la descente, tourner à droite et atteindre l'église de **Frangy** (*320 m*)
▶ Panneau d'informations sur le chemin de Saint-Jacques-de-Compostelle.

De Frangy à Vannecy `5 km` `1 h 45`

A Vannecy : 🛏

Eglise Saint-Aquilin de Frangy de style néo-classique sarde. Roussette (vin) de Frangy. Frangy se situait dans la zone franche jusque dans les années 1920.

21 Traverser **Frangy** vers l'Ouest, franchir le torrent des Usses sur le Grand pont et emprunter la D 310 à droite sur 800 m. Monter à gauche, couper les lacets et atteindre Champagne. Tourner à droite et monter par le chemin agricole à gauche. Continuer par la sente vers l'Est, puis prendre la route à droite. A l'entrée de Tagny, s'engager à droite sur le chemin et poursuivre par la route qui mène à **Vannecy** (*518 m*).

De Vannecy au carrefour des Côtes `8 km` `2 h 15`

22 A **Vannecy**, traverser le hameau, franchir le vallon de Croasse (474 m) et laisser Clennaz à droite. Avant le carrefour, prendre à droite le chemin caillouteux qui longe la route puis la route à droite et gagner Desingy.

23 A la sortie du village tourner à gauche pour passer devant le cimetière et poursuivre la route. Traverser Pelly, Moucherin, Curty et Chez-Cudet. Poursuivre par la route sur 100 m.

▶ Possibilité de gagner Droisy ( ) à 2 km (*voir tracé en tirets*).

24 Prendre le chemin à droite. Après la D 57, arriver au **carrefour des Côtes**.

Variante hors GR®

Du carrefour des Côtes aux Côtes   `500 m` `10 mn`

Aux Côtes :

Au carrefour des Côtes, descendre par le chemin à droite et traverser **Les Côtes**.

Des Côtes à Seyssel   `2 km` `30 mn`

A Seyssel :

Aux **Côtes**, suivre la route à droite et descendre à gauche par le chemin de Clostan. En bas, virer deux fois à gauche, à droite et gagner l'église de **Seyssel**.

Seyssel a la particularité d'être séparé en deux par le Rhône et par la limite départementale, donnant naissance à deux communes Seyssel de l'Ain et Seyssel de la Haute-Savoie. Vin blanc mousseux dont le cépage est connu depuis 1026, un des plus anciens de France. Durant plusieurs siècles, le port de Seyssel qui remplaça celui romain de Condate plus en aval, a joué un rôle économique extrêmement important. En amont de Seyssel, le Rhône n'était plus navigable. Tous les bateaux devaient être déchargés, et les marchandises transportées vers Genève (via Desingy, route du Sel), place tournante du commerce intérieur.

De Seyssel à Chez-Janin   `3 km` `45 mn`

A **Seyssel**, rejoindre le Rhône, prendre la piste cyclable le long du fleuve puis, **Chez Janin**, suivre la D 991 à droite sur 25 m (*jonction avec l'itinéraire principal*).

Du carrefour des Côtes à Vens   `2,5 km` `40 mn`

25 Au **carrefour des Côtes**, continuer, passer Romaz, entre les hameaux de Prairod, puis descendre par le chemin à gauche. Traverser Vens-d'En-Haut et arriver à **Vens**.

De Vens à Chez-Janin   `1 km` `15 mn`

Au traité de Lyon en 1601, la France s'approprie la Bresse, le Bugey et sept têtes de pont sur la rive gauche du Rhône dont Seyssel et Vens. C'est seulement en 1760 que la frontière entre la France et la Savoie fut fixée au milieu du Rhône. En 1860, cette région fut rattachée à la France.

26 A la sortie de Vens, virer à gauche entre deux maisons et descendre à la D 991, **Chez-Janin** (*280 m*).

▶ Jonction avec la variante hors GR® de Seyssel.

La fille aux pieds de chèvre

Une vieille légende savoyarde situe dans le village de Desingy, l'histoire de deux garçons en route pour une veillée, rencontrant en chemin une jeune fille qui leur propose de passer la soirée chez elle et les mène jusqu'à un château. Au pied de l'escalier, elle dit au premier de monter devant. Le second, qui va derrière, découvre alors que la jeune fille a des pieds de chèvre et se sauve. La légende raconte que l'on ne revit jamais plus la fille et le garçon. (1)

Seyssel, Notre-Dame-du-Rhône et la pierre de Seyssel

Dans le port de Seyssel , on fabriquait les seysselanes à fond plat, bateaux qui permettaient le transport de marchandises des contrées savoyardes jusqu'à Lyon. Les bateliers transportaient notamment la pierre de Seyssel, extraite d'une carrière proche de Génissiat. Cette pierre blanche et fine servit à construire Lyon, Genève, Annecy, Chambéry et l'abbaye de Hautecombe. Au retour, les bateaux transportaient le sel extrait des Salines du Midi, du fer, des étoffes et du blé.

Sur le pont, une monumentale statue mariale de 1865 rappelle une ancienne Vierge noire ramenée d'orient. A leur passage, les mariniers ou naufetiers du Rhône invoquaient la protection de cette statue, placée dans une chapelle au milieu de ce pont frontière entre France et Savoie. Le premier qui apercevait l'oratoire s'exclamait : « Salut à Notre-Dame ! » et les autres tombaient à genoux en récitant un *Ave Maria*. La chapelle faisait aussi office de *sanctuaire à répit*, pour les enfants morts-nés.

Le canal de Savières creusé en une nuit

Le canal de Savières que l'itinéraire enjambe à Chanaz, reçoit d'une part les eaux du lac du Bourget et d'autre part, en période de crue, le Rhône déverse ses hautes eaux dans le lac ; le canal exutoire naturel des eaux du lac, voit alors son courant s'inverser. Le canal fut une importante voie commerciale entre la Savoie et la France, notamment placé sur le parcours de la route du sel. De prestigieux voyageurs l'empruntaient, notamment les princes de Savoie se rendant de Chambéry à Lyon. Une légende rapporte que le canal de Savières aurait été creusé en une nuit par une princesse de Châtillon, éprise d'un gentilhomme du Bugey, pour qu'il puisse venir la rejoindre sans encombre. (1) La jeune fille prénommée Xavière aurait donné son nom au canal. Actuellement réouvert aux plaisanciers, le canal a gardé du passé quelques auberges de mariniers renouant avec la tradition.

Le canal de Savières, à Chanaz. *Photo Michèle Looten / CDRP73.*

La vierge du pont de Seyssel. *Photo Nadine Serand / CDRP74.*

(1) D'après Arnold Van Gennep, *La Savoie : vie quotidienne, fêtes profanes et religieuses, contes et légendes populaires, architecture et mobilier traditionnels, art populaire*, Editions Curandera, Aubenas, 1991.

De **Chez-Janin** à **une intersection**   `3,5 km` `50 mn`

27 **Chez-Janin**, emprunter la D 991 à gauche et franchir le pont sur le Fier *(260 m)*. *L'itinéraire quitte le département de la Haute-Savoie pour celui de la Savoie.* Tourner à droite, traverser la base de loisirs de Motz.

► Panneau d'information sur le chemin de Saint-Jacques-de-Compostelle.

► Possibilité de gagner Motz (◼ ▦ ✕ ☕) à 2 km *(voir tracé en tirets)*.

Passer près du barrage, puis monter à gauche, sous le pylône, par un chemin herbeux jusqu'à une grange.

28 Après la grange, suivre la piste forestière à droite et laisser le hameau de Marrette à gauche. Longer la rangée de peupliers jusqu'à Langefan, puis emprunter la D 991 à droite jusqu'à une **intersection**.

De **l'intersection** à **Mathy-Dessous**   `2,5 km` `40 mn`

29 Aller à droite sur 30 m, virer à gauche, puis descendre à droite vers Les Iles. Tourner à gauche, laisser les usines à droite et, au carrefour en T, suivre la route à gauche puis la route à droite et gagner le hameau de **Mathy-Dessous** *(243 m)*.

Variante hors GR®

De **Mathy-Dessous** à **Serrières**   `1,5 km` `25 mn`

A La Chétraz : 📍
A Serrières-en-Chautagne : ▦ ⛺ 🛒 ✕ ☕

A **Mathy-Dessous**, aller à gauche, suivre la D 991 à droite jusqu'à **Serrières**.

De **Serrières-en-Chautagne** aux **Borsières**   `3,5 km` `50 mn`

Après la mairie de **Serrières**, prendre la rue à droite et longer le camping. Au croisement, traverser la peupleraie à gauche, puis tourner à droite et rejoindre la rive du Rhône, aux **Borsières** *(jonction avec l'itinéraire principal)*.

De **Mathy-Dessous** aux **Borsières**   `4 km` `1 h`

30 A **Mathy-Dessous**, bifurquer à droite et rejoindre la rive du Rhône. S'en écarter à gauche et continuer par le chemin à droite. Il mène au lieu-dit **Les Borsières**.

► Jonction avec la variante hors GR® de Serrières-en-Chautagne.

Des **Borsières** au **pont de la Loi**   `2 km` `30 mn`

Au pont de la Loi : ✕ ☕

31 Aux **Borsières**, poursuivre le long du Rhône. Arriver au **pont de la Loi**.

Du pont de la Loi à Chanaz   `6 km` `1 h 30`

A Chanaz : 🏠 ⛺ 🍴 🍷 ℹ️

▶ Jonction avec le sentier GR® 9 qui vient de Culoz. Les sentiers GR® sont communs jusqu'à Saint-Maurice-de-Rotherens.

▶ Variante en cas de crue : vérifier sous la pile du pont la hauteur d'eau à l'échelle de mesure (*limigraphe*). Si elle est supérieure à 2,80 m, gagner le rond-point par la route à gauche, suivre la D 921 à droite jusqu'à Vions (*gare*), franchir le passage à niveau, puis emprunter le chemin à droite et rejoindre le sentier GR® 65 au pont du chemin de fer (*voir tracé en tirets sur la carte*).

Par le sentier GR® 9 : Culoz : `2 km` `30 mn`

A Culoz : 🏠 🏨 ⛺ 🛒 🍴 🍷 🚂 ℹ️ 🚌 🚃

Franchir le pont de la Loi à droite et gagner à gauche le centre-ville.

Hors GR® pour Lachat : `4 km` `1 h`

A Lachat : 🛏️

Voir tracé en tirets sur la carte.

32 Passer sous le **pont de la Loi** et continuer par la piste entre Rhône et marais sur 1 km. Tourner à gauche, emprunter une digue boisée entre deux gravières et franchir le Lône. Prendre le chemin à droite (*nombreux dégâts aux arbres perpétrés par les castors*), poursuivre par la route et arriver à l'étang Bleu (*restaurant*). Passer sous la voie ferrée et prendre tout droit.

33 Emprunter la digue à droite, passer à gauche du camping, franchir la passerelle sur le canal et entrer dans **Chanaz** (*230 m*).

▶ Panneau d'informations sur le chemin de Saint-Jacques-de-Compostelle.

De Chanaz à Montagnin   `6 km` `1 h 40`

Chanaz : site médiéval témoin d'un passé portuaire important. Ecluse, moulin à huile, maisons bourgeoises.

34 Dans **Chanaz**, suivre le quai à gauche sur 200 m, prendre à droite la rue qui monte au moulin à huile et, avant Praille, emprunter le chemin à droite. Continuer par la route. Après Le Poizat, se diriger au Sud par la piste et arriver à un oratoire (*430 m*).

35 Continuer au Sud par le chemin qui domine la plaine du Rhône (*point de vue sur le Grand Colombier*).

36 Bifurquer sur le chemin qui s'élève à gauche, poursuivre par la route à droite et gagner Vétrier (*410 m*). Descendre par le chemin herbeux, couper la route et remonter en face sur quelques mètres. Tourner à droite (*Sud*) et descendre à **Montagnin** (*334 m*).

De Montagnin à Yenne

A Yenne : 🏠 🏨 🏕 🛒 🍴 ☕ 📧 ℹ️

37 Dans le hameau, prendre la route à droite, puis à gauche. Tourner à gauche, franchir une passerelle et atteindre Les Puthods (*320 m*). Suivre la route à droite, bifurquer à droite et gagner Vraisin.

38 Descendre à droite en angle aigu, à travers les vignes, virer à gauche et arriver à Barcontian. Continuer par la route, passer Aimavigne (*celliers viticoles*) et poursuivre jusqu'à l'église de Jongieux (*restaurant*). Emprunter en face le chemin qui coupe les lacets de la route et s'élève dans les vignes jusqu'à Jongieux-le-Haut (*320 m*). Prendre la D 210 à droite sur 500 m (*vue sur le vignoble*).

39 S'engager à droite sur le chemin qui mène à la chapelle Saint-Romain (*420 m*). Longer la falaise à droite (*Nord-Ouest*), passer le calvaire et descendre dans la vallée. Prendre à gauche avant la D 921, puis bifurquer à gauche et traverser Petit-Lagneux.

40 Partir à droite, couper la D 921 et continuer par le chemin (*inondable*) le long du Rhône. Passer à gauche sous la N 504 par le tunnel et atteindre **Yenne** (*240 m*).

De Yenne à La Dronière

Yenne : église du XIIe siècle où l'on reconnaît trois coquilles Saint-Jacques dans les armoiries d'un certain Joseph Hector de Mareschal.

▶ La variante hors GR® par le col du Mont-Tournier (décrite en bas de page) est vivement recommandée l'hiver et par temps de fort brouillard.

▶ Panneau d'information sur le chemin de Saint-Jacques-de-Compostelle.

41 Après l'église de **Yenne**, suivre la rue à droite (*Ouest*).

▶ Arrivée à droite (*Nord*) du GR® 59 qui vient du ballon d'Alsace.

Tourner à gauche le long du cimetière, puis monter à droite par le chemin empierré qui mène à la chapelle Notre-Dame-de-la-Montagne (*point de vue sur le défilé de Pierre-Châtel*). La montée s'accentue et conduit à trois belvédères échelonnés.

42 Poursuivre au Sud et passer près de la croix de Chevru. Laisser un sentier venant de Yenne à gauche, puis des ruines à gauche. Le sentier devient étroit et longe à flanc le versant Ouest de la montagne.

▶ La suite du GR® 65 est décrite page 55.

Variante hors GR®

De Yenne à l'intersection des Rochettes

Derrière l'église de **Yenne**, se diriger vers Ameysin. A la borne 239, prendre le chemin à droite en direction de La Dragonnière. Suivre la D 40 à droite, la route à droite, la route à gauche et monter à droite vers Les Couleurs (*374 m*).

A Par un sentier herbeux (*refermer les barrières dans les pâturages*), monter vers une combe, la longer à gauche puis gagner Charosse (*plaque à la mémoire des maquisards de Traize*).

Yenne, au loin, et le Rhône. *Photo Léo Gantelet.*

Yenne, patrie du gâteau de Savoie

On dit que c'est à Yenne qu'aurait été inventé le gâteau de Savoie, réputé pour sa texture légère grâce à la forte proportion de blancs d'œufs battus en neige. Cette pâtisserie aurait été servie en grand apparat au comte Vert de Savoie, Amédée VI, aux alentours de 1348. On raconte que l'on devrait la recette au bâtard Pierre de Yenne, maître-queux du comte de Savoie. Le randonneur traversant Yenne pourra savourer sur place ce gâteau traditionnel, confectionné selon les méthodes ancestrales.

Le Saint-Genix et les seins de sainte Agathe

Nous sommes au IIIe siècle de notre ère. Agathe, une jeune chrétienne de Sicile, est martyrisée pour avoir repoussé les avances du proconsul romain. Elle est condamnée à avoir les seins coupés mais le lendemain, ils repoussent miraculeusement. En 1713, la Sicile est rattachée au Duché de Savoie, qui s'approprie cette légende en imaginant une brioche en forme de sein, pour fêter la sainte Agathe, le 5 février. Depuis, le saint-genix est un appétissant gâteau à la croûte brun-rouge, dont la mie est farcie de pralines rouges entières. (1)

(1) D'après Arnold Van Gennep, *La Savoie*, Editions Curandera, Aubenas, 1991

De saint Roch aux différents saint Jacques

Outre une grande quantité de croix parsemant la campagne, la région savoyarde compte de nombreuses chapelles venues s'ajouter aux églises, témoignant de la grande piété populaire. En Savoie, on honore les saints Jacques le Mineur et Philippe le 1er mai depuis le haut Moyen Age.

A Chambéry, étape sur la route des pèlerinages entre Rome et la France, saint Jacques-le-Mineur était invoqué pour protéger pèlerins et voyageurs. Sans doute y eut-il parfois confusion ou association avec le culte de saint Jacques-le-Majeur dont la fête tombe le 25 juillet et dont le culte était généralement plus répandu. Dans la région, un autre saint est très honoré, Jacques l'Assyrien, qui convertit la Tarentaise au Ve siècle.

On implore également en Savoie les saints : Antoine, Sébastien et Roch. Ce dernier était fréquemment requis pour son pouvoir de guérisseur sur les épidémies, la peste et le choléra. Or, ce saint fréquemment représenté apparaît couramment en pèlerin de Saint-Jacques, dont il arbore les attributs, le grand chapeau, le bourdon et le mantelet orné de coquilles.

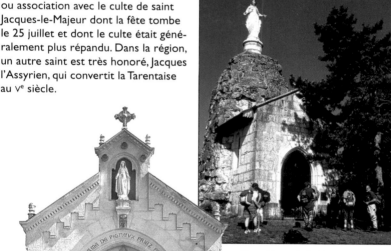

Notre-Dame de la Montagne, Yenne.
Photo Manuel Arthus.

Chapelle de Pigneux.
*Photo Michèle Looten /
CDRP73.*

B Monter à droite, descendre à gauche, passer Les Malods et La Tuilière. Continuer par le chemin et gagner l'**intersection des Rochettes**.

Des **Rochettes** à **La Dronière**   `4 km` `1 h`

C Monter à droite aux **Granges-des-Rochettes**, tourner à gauche, monter dans le bois à droite et descendre à Labully (*670 m*). Passer à droite du réservoir, grimper dans le bois, puis continuer par la D 42 à droite et franchir le col du Mont-Tournier (*821 m*). S'engager à droite sur le sentier de La-Pierre-qui-Vire et atteindre **La Dronière** (*jonction avec le sentier GR® 65*).

▶ Suite du sentier GR® 65.

43 Poursuivre par la piste et atteindre la maison des chasseurs de Traize (*542 m*) (*abri-eau*).

44 Le chemin continue dans le bois de Glaize. Longer le bord de la falaise, puis grimper par le sentier qui accède aux contreforts du mont Tournier (*856 m*). Redescendre dans le bois, monter à gauche sur 100 m, prendre le sentier à droite et passer à côté de la Pierre-qui-Vire. Descendre dans le vallon et arriver à l'intersection de **La Dronière**.

▶ Arrivée de la variante hors GR® du col du Mont-Tournier.

De **La Dronière** à **Saint-Maurice-de-Rotherens**   `2,5 km` `40 mn`

A Saint-Maurice-de-Rotherens : 📷 ✗

45 A **La Dronière**, continuer au Sud, traverser un champ et gagner Le Borgey (*715 m*). Couper la D 42, emprunter la route qui mène à La Mare et le sentier en face. Au calvaire (statue Saint-Jacques), tourner à gauche puis à droite. Suivre la route à droite, puis descendre par le chemin à **Saint-Maurice-de-Rotherens** (*630 m*).

▶ Séparation du sentier GR® 9 (*sentier Jura - Côte d'Azur*) qui part à gauche vers le massif de la Chartreuse.

De **Saint-Maurice-de-Rotherens** à **Pigneux**   `7 km` `2 h`

A Pigneux : 🛏

Saint-Maurice-de-Rotherens : Radio-musée Galetti. Galetti construisit en 1912 une station de télégraphie sans fil, l'une des plus puissantes du monde à l'époque.

46 Après l'auberge-refuge du Mont-Tournier à **Saint-Maurice**, tourner à droite et descendre par le sentier vers le lavoir. Couper la route et continuer par le sentier qui mène à Malbuisson. Dans le hameau, descendre à gauche à l'église de Grésin. Poursuivre la descente, emprunter la D 916 à gauche sur 200 m. Plonger à droite vers Côte-Envers, franchir le ruisseau (*275 m*), remonter et prendre à droite le chemin jusqu'au pas de l'Ane.

47 Grimper à gauche dans le bois par le sentier, jusqu'au Vuillerot (*vue sur la plaine du Guiers*). Descendre par la D 43 à la chapelle de **Pigneux** (*trois coquilles sur la façade*).

De **Pigneux** à **Saint-Genix-sur-Guiers**

A Saint-Genix-sur-Guiers :

A Aoste (pont sur le Guiers) : 🏠 🛒 ✕

48 A **Pigneux**, continuer la descente, traverser Saint-Genix-sur-Guiers et franchir le pont (*223 m*) qui enjambe le **Guiers**. L'itinéraire quitte le département de la Savoie pour celui de l'Isère.

De **Saint-Genix-sur-Guiers** à **Romagnieu**

A Romagnieu : 🏠 🛏 🛒 ✕

▶ Panneau d'information sur le chemin de Saint-Jacques-de-Compostelle.

49 Après le pont sur le **Guiers**, tourner à gauche et longer le bord de la rivière. Suivre le bord du lac de Romagnieu (*hébergement*) et passer sous l'A 43. Remonter par le chemin en face et prendre à droite sur 100 m la route qui mène à **Romagnieu**.

De **Romagnieu** aux **Abrets** 9 km | 2 h 15

Au Vérou : 🏠 ✕

Aux Abrets : 🏠 🛒 ✕ 🚂 i 🚌

50 Ne pas continuer vers **Romagnieu**, mais prendre le chemin à gauche en direction d'une ferme, puis descendre à droite à travers les cultures. Couper la D 40 (*prudence*), monter en face par le chemin des Rivaux, bifurquer à droite et traverser le hameau. Monter à gauche par l'impasse du Bois vers des maisons, poursuivre par la route, se diriger à gauche sur quelques mètres, puis obliquer à droite vers La Vigne. Emprunter la route à gauche.
51 Descendre par la route à droite vers le lavoir, puis monter à Priolaz par le chemin du Lavoir et traverser le hameau. Couper la D 82, continuer par la route, puis descendre à gauche par la D 142E. Dans le virage, poursuivre par le chemin de terre en face et pénétrer dans la cour de ferme (*fontaine*). Remonter par la route et gagner La Bruyère (*294 m*).
52 Bifurquer à gauche sur le chemin du Coulou. Monter à droite par le chemin qui traverse un bois, puis suivre la petite route à gauche sur 500 m. Au groupe de maisons, partir à droite et, après la dernière maison, se diriger à droite sur 300 m. Continuer à droite par le chemin des Châtaigniers et traverser le camping de Vérou à gauche. Prendre la route à droite sur 500 m.
53 S'engager à gauche sur le petit chemin herbeux le long d'une clôture. Il descend en lisière du bois à droite. Poursuivre par le large chemin, puis emprunter la D 142 à gauche. A mi-pente, partir à gauche vers la station d'épuration et monter par le chemin qui franchit la voie ferrée. Continuer dans les lotissements. Au carrefour, virer à gauche, traverser la N 6 et prendre en face la rue Jean-Jannin jusqu'à la place de l'Hôtel-de-Ville, aux **Abrets** (*402 m*).

Le Plan départemental des itinéraires de promenade et de randonnée (PDIPR)

Le département de l'Isère est traversé par le sentier GR® 65, dit « Chemin de Saint-Jacques-de-Compostelle », labellisé dans sa plus grande partie par le Conseil Général au titre du PDIPR.

Pour répondre à la confusion que peuvent générer les innombrables panneaux sectoriels aux limites de communes, le département a souhaité mettre en place un concept signalétique homogène sur l'ensemble des cheminements du PDIPR, cela quelle que soit leur situation géographique.

Après un long travail de concertation en collaboration avec de multiples partenaires (collectivités locales, Fédération de la randonnée en Isère, structures d'hébergement, offices de tourisme, chasseurs, agriculteurs, associations de randonneurs et de défense de l'environnement, etc.), ce label – attribué à 17 secteurs depuis décembre 2003 – a permis l'aménagement d'un réseau maillé de 4 230 km propice à la découverte des richesses naturelles et patrimoniales de notre département.

Se promener ou randonner sur un chemin labellisé PDIPR donne l'assurance de bénéficier d'un parcours régulièrement entretenu et sécurisé. Cependant, malgré tous les efforts de la collectivité titulaire du label, le risque zéro ne peut être garanti : nous vous recommandons d'adopter les règles élémentaires de prudence et de bonne courtoisie envers les autres usagers.

Quelques explications sur les panneaux directionnels

Photo F.P./C.G.I

Le Conseil général a volontairement conçu le PDIPR comme un réseau se prêtant à tout type de promenade et de randonnée. Ainsi, vous trouverez sur votre chemin :
- des carrefours clairement identifiés et reportés sur les documents cartographiques
- des lames directionnelles jaunes (plus facilement repérables dans le brouillard)
- l'indication systématique des kilométrages, seule référence commune aux activités pédestres, équestres et VTT
- le temps horaire de montée lorsque le parcours est uniquement pédestre

Bonne promenade, bonne randonnée…

Christian PICHOUD
Conseiller Général délégué au Tourisme

Les chevaliers-paysans de l'an mille au lac de Paladru

A proximité de l'itinéraire, s'étend le lac de Paladru né il y a quelque 12 000 ans, suite au retrait du glacier du Rhône. Ce petit lac d'un kilomètre de large sur 5,5 km de long, tire sa renommée de deux sites archéologiques restés durant des siècles immergés, ce qui a permis leur conservation exceptionnelle. Sur le site Les Baigneurs, on mit au jour un village néolithique d'agriculteurs né autour de l'an 2 700 av. J.-C. Encore noyé sous six mètres d'eau, le site de Colletières révèle un village médiéval qui s'était installé sur des hauts-fonds de craie lacustre à la fin du Xe siècle. Au début de l'an mille, une soudaine montée des eaux obligea les habitants à abandonner brusquement leurs maisons et leurs biens. Ces derniers particulièrement bien conservés ont per-

mis de retracer l'épopée de ces « chevaliers-paysans de l'an mille », évoqués dans une thèse qu'écrit l'actrice Agnès Jaoui dans le film d'Alain Resnais « On connaît la chanson ». A Charavines, le musée archéologique met en scène la vie quotidienne des habitants au néolithique et au haut Moyen Age, sur la base du produit des fouilles subaquatiques, avec notamment la reconstitution du site. Certains outils et débris calcinés ont permis d'établir qu'au IIIe millénaire av. J.-C., certaines populations pratiquaient l'écobuage avant la mise en culture. De l'époque du haut Moyen Age, ont été conservés des objets qui nous sont rarement parvenus : chaussures en cuir, étoffes, instruments de musique et jouets représentant des armes.

Lac de Paladru. *Photo Franck Ardito.*

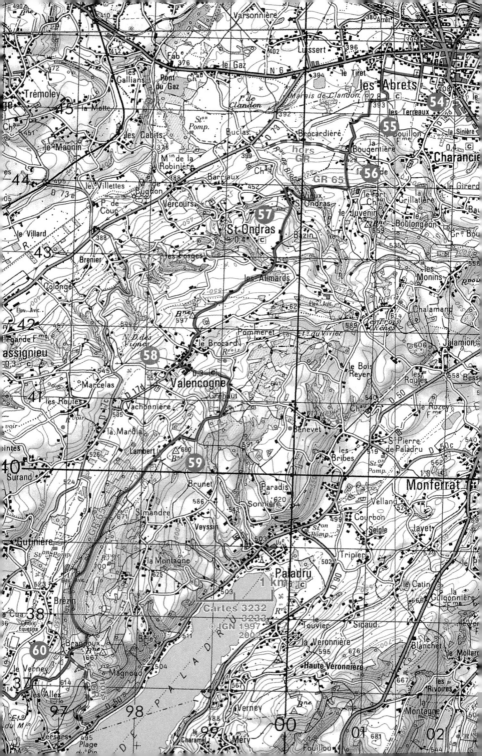

Des Abrets à Valencogne

7 km **2 h**

A Valencogne : 🏠 🛒 🍴

54 Avant l'église des **Abrets**, traverser la route et se diriger vers le cimetière. Au carrefour, prendre la rue de la Liberté à gauche puis, après le cimetière, s'engager sur le chemin à droite. Emprunter la route à gauche et monter jusqu'à un carrefour.

55 Prendre le chemin à droite sur 300 m, tourner à gauche et monter à La Rochette. Poursuivre par la route et, au croisement (*croix*), emprunter la route à droite sur 40 m.

▶ Possibilité de gagner le domaine du Pas-de-l'Ane (*chambres et tables d'hôtes*) à 20 mn.

56 S'engager à gauche dans la montée du Riboulet et parvenir à la crête (*497 m*). Prendre le chemin à droite, descendre dans les prés, franchir le ruisseau et remonter par le chemin. Traverser à gauche le hameau du Vieux-Saint-Ondras.

57 A mi-pente, grimper à droite par le raidillon herbeux qui monte vers un lotissement. Traverser le groupe de maisons, puis emprunter la route à droite jusqu'aux Alimards. Continuer en face vers Les Fosges puis, tout droit, par le chemin de terre et arriver à la croix du Brocard. Prendre la route à droite et descendre à **Valencogne** (*552 m*).

De Valencogne au Pin

7 km **2 h**

Au Pin : 🛏️ 🛒

58 Avant l'église de **Valencogne**, tourner à gauche et continuer par le chemin de l'ancien lavoir qui descend. Remonter par le sentier caillouteux le long d'une grande bâtisse, continuer tout droit entre deux haies et redescendre à gauche. Prendre la route à droite. Poursuivre en direction de Paladru par la route le long d'un bois. Au bout, emprunter à droite la route de la Croix-Charpenne.

59 Après la maison, prendre la route à gauche et continuer tout droit à travers le hameau de Lambert. Poursuivre par le chemin caillouteux qui longe plusieurs lisières avant d'entrer dans le bois. Face à un pré, obliquer à droite dans le bois. Le chemin, très caillouteux, descend à droite à Brandoux.

▶ Possibilité de gagner le domaine Meunier-Beillard (*hébergement*) à 10 mn.

60 Bifurquer sur la route qui monte à droite, puis descendre aux premières maisons des Allex. Poursuivre à gauche par la rue de la Caserne et arriver sur la place de l'Eglise, au **Pin** (*553 m*).

▶ Sur la place de l'Eglise, panneau d'information sur le chemin de Saint-Jacques-de-Compostelle.

De **Pin** à **Quétan**

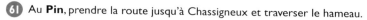

6,5 km | 1 h 45

61 Au **Pin**, prendre la route jusqu'à Chassigneux et traverser le hameau.

62 S'engager à droite sur le chemin pierreux qui monte à l'ancienne chartreuse de la Silve-Bénite.

Le monastère et sa grange dîmière furent fondés par les Chartreux en 1116.

63 Prendre la route sur 100 m, bifurquer à droite, puis s'engager sur le chemin qui entre dans la forêt à droite. Longer une prairie et continuer par la route qui mène à Blaune (*580 m*) (*camping à Oyeu*). Traverser le hameau et poursuivre par la route en direction de Quétan. Contourner la butte du Molard-Rond par la gauche.

64 Prendre à gauche le sentier à travers champs. Couper la D 520 (*prudence*), utiliser le tunnel qui passe sous l'A 48 et continuer par la route. Traverser **Quétan** (*560 m*).

De **Quétan** à **la ferme du Futeau**

1,5 km | 45 mn

A la ferme du Futeau :

65 A la sortie de **Quétan**, tourner à gauche et grimper par le chemin de terre à travers forêt et prés. Passer la ferme du Crêt (*644 m*). Le chemin vire à gauche (*Sud*) et continue à monter dans le bois (*702 m*). Descendre par la route à la **ferme du Futeau** (*640 m*).

De **la ferme du Futeau** au **Grand-Lemps**

2 km | 30 mn

Au Grand-Lemps :

66 Après la **ferme du Futeau**, tourner deux fois à droite et descendre dans la forêt. Traverser la D 73, la longer à gauche, passer sous le pont du chemin de fer, prendre la route à droite puis la route à gauche (*poteau signalétique du Grand-Lemps*). Atteindre l'entrée Nord du centre-ville du **Grand-Lemps** (*470 m*).

Entre Valencogne et Le Grand-Lemps. *Photo Léo Gantelet.*

Du **Grand-Lemps** à **La Frette**

`5 km` `1 h 15`

A La Frette :

67 Laisser le centre du **Grand-Lemps** à gauche, continuer vers La Bourgeat et arriver à une croix de pierre. Poursuivre vers l'Ouest par le chemin des Prairies et gagner La Bourgeat (*455 m*).

68 Garder la même direction par une série de routes parallèles à la D 73. Passer La Frette, Bévenais, La Charrière, puis emprunter le chemin du Mollard qui mène à La Pollardière (*450 m*). Continuer par le chemin du Ruy qui longe le vallon du Frinquin. Au carrefour (*croix*), traverser la N 85, poursuivre par le chemin des Pèlerins, puis tourner à droite en direction de l'église de **La Frette** (*419 m*).

De **La Frette** à **Saint-Hilaire-de-la-Côte**

`3 km` `1 h`

A Saint-Hilaire-de-la-Côte :

69 Avant l'église de **La Frette**, monter à droite. Avant la N 85, prendre à gauche l'allée qui mène au portail du château de la Villardière. Le contourner par la droite, continuer entre bois et champs et, aux maisons, prendre à droite le chemin du Bois. Il conduit au Plantier (*445 m*). Tourner à droite et poursuivre par la piste vers une rangée de sapins.

70 Bifurquer à gauche à travers prés, franchir le ruisseau du Biel, emprunter la petite route à gauche sur 50 m, puis continuer à droite par la piste qui mène aux maisons du Bouchet (*435 m*). Poursuivre par le chemin de la Cerisière et parvenir à l'église de **Saint-Hilaire-de-la-Côte** (*440 m*).

De **Saint-Hilaire-de-la-Côte** au **Rondet**

`1,5 km` `30 mn`

71 Longer l'église de **Saint-Hilaire-de-la-Côte**, passer le carrefour, puis emprunter à droite le chemin de Grondine. Après la croix noire, arriver au calvaire de Chez-Rival (*459 m*). Garder la même direction à travers les arbres, puis à travers champs et bosquets. Au terrain de jeux, prendre à gauche l'allée bordée de grands arbres et arriver au **Rondet** (*480 m*).

▶ Le chemin à gauche permet de gagner Saint-Antoine-l'Abbaye puis Arles (à 287 km). Un guide édité par l'Association Rhône-Alpes des Amis de St-Jacques est disponible (cf. « *Adresses utiles* »). Ce guide décrit également une possibilité de se rendre au Puy-en-Velay par les plateaux de l'Ardèche.

Du **Rondet** au **carrefour de Notre-Dame**

`1 km` `15 mn`

A Montgontier :

72 Au **Rondet**, continuer par l'allée. Au portail du domaine de Montgontier (*gîte d'étape*), contourner le château par la droite. Au croisement de routes, descendre par le chemin vers Belmonière, puis remonter par la route à droite jusqu'au château de Pointière. Poursuivre par le chemin des Vignes et arriver au **carrefour de Notre-Dame**.

▶ Possibilité de gagner le hameau Notre-Dame, à 15 mn par la route à droite, et la ferme des Collines (*chambres et table d'hôtes*).

Glaïeul et coquelicots. *Photo Nicolas Vincent.*

Le Grand-Lemps, Bonnard et Lamartine

Au début du XXᵉ siècle, le Grand-Lemps regroupa plusieurs artistes, peintres et écrivains. Pierre Bonnard, dont la famille paternelle était issue de ce village, et qui aimait à rendre des intérieurs bourgeois dans le style des Nabis, y conçut notamment en 1900 *L'après-midi bourgeoise* (1), où il met en scène toute sa famille. Parmi les artistes qui se lièrent au peintre, l'écrivain Alfred Jarry séjourna au Grand-Lemps. Enfin, le plus célèbre à fréquenter les lieux fut Lamartine, venu visiter son ami de collège Aymon de Virieu au château du Grand-Lemps. De ses nombreux séjours dans la région, Lamartine nous a laissé plusieurs œuvres dont le célèbre poème, *Le Vallon*, inspiré d'une vallée appelée Férouillat située aux environs du Grand-Lemps.

> « ... Voici l'étroit sentier de l'obscure vallée :
> Du flanc de ces coteaux pendent des bois épais,
> Qui, courbant sur mon front leur ombre entremêlée,
> Me couvrent tout entier de silence et de paix.
> Là, deux ruisseaux cachés sous des ponts de verdure
> Tracent en serpentant les contours du vallon ... »

La Côte-Saint-André, Berlioz et Jongkind

« La Côte Saint-André [...] domine une assez vaste plaine, riche, dorée, verdoyante, dont le silence a je ne sais quelle majesté rêveuse ... » Hector Berlioz dépeint ainsi la ville où il naquit en 1803. A dix-sept ans, il part suivre des études de médecine à Paris, mais se consacrera finalement à la musique, véritable génie méconnu en son temps. A la fin du mois d'août, La Côte-Saint-André rend hommage au musicien avec le Festival Berlioz qui prend place sous la halle du XIIIᵉ siècle. Dans sa maison natale, a été aménagé le musée Hector Berlioz, récemment rénové entièrement (2).

Un autre grand artiste, le peintre impressionniste Johan Barthold Jongkind, vint s'installer à La Côte dans les dernières années de sa vie, s'inspirant, comme tant d'autres, des paysages et des éclairages si particuliers à la région.

Une variante vers les reliques de saint Antoine

A Gillonnay, un nombre important de pèlerins bifurquaient jadis vers le Sud pour se rendre à l'abbaye de Saint-Antoine. En effet, c'est en ces lieux que les reliques de saint Antoine l'ermite avaient été rapportées de Constantinople vers 1070 par un certain seigneur Geilin, et que fut fondé l'ordre hospitalier portant son nom. Comme c'est souvent le cas, un hôpital placé sous le vocable de Saint-Jacques, fut construit trois siècles plus tard, à côté de l'hôpital Saint-Antoine. En 1446, un certain Sebastian Ilsung parti de Bavière vers Compostelle, traverse la Suisse, visite la cour du duc de Savoie avant de rejoindre l'abbaye que l'on a coutume d'appeler alors Saint-Antoine-en-Viennois. L'Allemand rapporte que les fidèles sont nombreux à venir en pèlerinage en ce lieu pour visiter le corps de saint Antoine qui opère maints miracles. Un peu plus tard, en 1496, un autre Allemand, le chevalier Arnold von Harff, parti « *en vue de la consolation et du salut de [son] âme* », se rend à Jérusalem, puis à Santiago. Traversant l'Italie, il ne manque pas d'aller se recueillir sur les reliques de saint-Antoine, avant de rejoindre Montpellier. Hans von Waltheym, autre pèlerin Allemand, rapporte qu'en 1474, les pèlerins peuvent vénérer la dépouille de saint Antoine, « *dans un cercueil décoré d'argent, d'or, de pierres précieuses* ». Les fidèles peuvent même étreindre le bras de saint Antoine, dont l'os est présenté nu. (3)

---

(1) Exposé au musée d'Orsay, à Paris, 1900.
(2) 69, rue de la République. La Côte-Saint-André. Tél. 04 74 20 24 88.
(3) Denise Péricard-Méa, *Dans les pas de Saint Jacques*.

Du carrefour de Notre-Dame
à La Côte-Saint-André

3 km · 45 mn

A La Côte-Saint-André : ⬚ ▦ 🛒 ✕ ℹ️ 🚌

▶ Panneau d'information sur le chemin de Saint-Jacques-de-Compostelle.

73 Au **carrefour de Notre-Dame**, continuer par le chemin des Vignes et arriver au croisement de Belmonière (*443 m*). Poursuivre vers Valencière, puis descendre à gauche à l'église Saint-Maurice. Longer le mur du cimetière.

74 Prendre le chemin à droite et arriver au parking de Valencière. Descendre par la route à gauche, puis continuer le long du ruisseau. Couper la D 71 et poursuivre par le chemin Martel (*panneau d'information jacquaire*). Longer le mur sous le château Louis XI vers le portail d'entrée. Emprunter à gauche l'escalier, puis la rue du Château jusqu'à la grande halle, dans le centre de **La Côte Saint-André** (*394 m*).

De **La Côte-Saint-André** à **Faramans**

9 km · 2 h 30

A Faramans : ⬚ ⛺ 🛒 ✕ 🚌

La Côte-Saint-André : ville natale d'Hector Berlioz. Château XIIIe, musée Hector Berlioz, halles médiévales.

75 Traverser la halle de **La Côte-Saint-André** dans toute sa longueur et poursuivre tout droit par la rue de l'Hôtel-de-Ville. Place Saint-André, continuer en face par la rue du Commandant-Julhiet, couper la D 518, puis longer le cimetière par la gauche et arriver à La Croix-Soulier (*370 m*).

76 Emprunter à droite le chemin goudronné de Pré-Soldat sur 1 km, traverser la D 518a et continuer en face par le chemin de Fagot. A la fontaine, tourner à droite et gagner Les Berlandières (*395 m*). Prendre la petite route à gauche, puis le chemin de la Buissonnière à gauche.

▶ Possibilité d'hébergement à Balbins (*chambres d'hôtes*).

77 A La Roberne (*395 m*), monter à droite par le chemin. Emprunter la route à gauche, la D 411 à gauche et arriver à Ornacieux. A la croix, prendre la route en direction de Faramans à gauche et passer devant le lavoir. Poursuivre en face par le chemin du Pion, puis bifurquer à droite sur le chemin Saint-Jacques qui surplombe la plaine de la Bièvre.

78 A la croix, avant un réservoir, s'engager à droite sur le chemin empierré. A la maison en pisé, suivre la route à droite, puis descendre par le chemin à gauche.

79 Au moulin Pion-Gaud (*373 m*), se faufiler à droite entre deux maisons et continuer par le chemin. A Chassagne, poursuivre par la piste le long du ruisseau et gagner Le Clapier. Prendre la route à gauche, la route à droite et arriver au lavoir de Pénol.

80 S'engager à droite sur le chemin de terre qui mène à l'étang du Marais. Traverser le parking, longer l'étang par la gauche et retrouver la route à un rond-point. Monter à droite dans **Faramans** et continuer jusqu'à la place du Tailleur.

De **Faramans** à **Pommier-de-Beaurepaire**   `5 km` `1 h 30`

A Pommier : ▦ 🛏 Å 🛒 ✗

81 A **Faramans**, partir à gauche par la route de la Porte-Bleue, puis celle du Guyard. Après les dernières maisons, poursuivre par la route puis le chemin rectiligne. Laisser Le Ronjay (*359 m*) à droite et arriver à un carrefour.

82 Tourner à droite. Avant la D 37, prendre le sentier à gauche. Il franchit le ruisseau du Suzon. Couper la D 51c puis la D 51e et grimper en face par le raidillon. Virer à gauche et atteindre **Pommier-de-Beaurepaire** (*470 m*).

De **Pommier-de-Beaurepaire** à **Revel-Tourdan**   `7 km` `1 h 45`

A Revel-Tourdan : ▦ 🛒 ✗ ☕

Pommier-de-Beaurepaire possède de nombreuses maisons ornées d'ouvertures XVIIe-XVIIIe. Table d'orientation (vue remarquable sur les plaines de la Bièvre, de la Valloire et, au loin, sur la chaîne des Alpes).

83 Traverser **Pommier-de-Beaurepaire** par le chemin de la Vie-de-Revel, la montée de la Mairie puis l'allée de la Motte-Féodale. Prendre la route à gauche. Elle conduit au réservoir et à la table d'orientation. Par le chemin de crête qui longe et traverse plusieurs bois, gagner Le Cumer (*463 m*).

84 S'engager à droite sur le chemin en lisière du bois et poursuivre par le chemin à droite. Couper la route du Molard, puis continuer tout droit par la route qui passe près du cimetière et du réservoir de Pisieu. Parvenir à La Feytas-de-Pisieu (*455 m*).

▶ Possibilité de descendre à Pisieu (▦ ✗) en 10 mn.

Eglise aux murs de galets, au clocher octogonal en molasse et briques (*cloche de 1459*).

Grange aux murs de galets. *Photo Didier Marjana / CDRP38.*

85 Poursuivre tout droit par le beau chemin de crête au-dessus du château de Barbarin situé en contrebas à gauche (*maison forte XIVe appartenant à la famille de Revel ; dans le parc, frênes remarquables dont un de 200 ans*). Arriver au Crotton (*panneau d'information jacquaire*) et descendre à **Revel-Tourdan** (*394 m*). Au lavoir, prendre la route à droite.

De Revel-Tourdan au Bornet 6,5 km 1 h 45

A Moissieu-sur-Dolon (hors GR) : 🏛 🛒 ✕

Revel-Tourdan : vestiges du château de Revel XIIIe-XIVe, ruelles du village bordées de maisons très anciennes, musée d'Art rural.

▶ Panneau d'information sur le chemin de Saint-Jacques-de-Compostelle.

86 Laisser à droite l'église et la mairie de **Revel-Tourdan**, rejoindre un second lavoir et prendre la route en direction de Primarette. Passer le cimetière et descendre par la route. Bifurquer à gauche sur la petite route qui franchit le ruisseau du Dolon, couper la D 512 et arriver aux Falconettes (*333 m*).

87 Près de l'étang, obliquer à gauche. Franchir à gué le ruisseau de Fontgarot (*passage délicat en cas de crue*), traverser la D 538 (*prudence*) et continuer en face par la petite route en négligeant chemins et routes de chaque côté jusqu'à proximité de la ligne TGV (*bien suivre le balisage*).

88 Quitter la route et prendre à droite le sentier qui monte au Nord et longe la clôture de la ligne TGV. Passer à gauche sous le pont, descendre, puis emprunter à gauche la route qui descend vers Moissieu-sur-Dolon.

▶ Possibilité d'hébergement à Moissieu-sur-Dolon (*voir tracé en tirets sur la carte*).

89 Au carrefour, prendre la route à droite et arriver au hameau de L'Hôpital. Le hameau tire son nom d'un hôpital dont plus rien ne subsiste, construit par l'ordre des hospitaliers de St-Jean-de-Jérusalem pour soigner les indigents et les lépreux. Une source dite de St-Marcel y jaillit. Elle guérissait autrefois les enfants marchant difficilement.

Monter à gauche et continuer par le sentier. Tourner à droite vers le château d'eau, virer à gauche en lisière du bois et arriver au **Bornet** (*438 m ; cabane de chasseurs, eau*).

▶ Départ d'une variante hors GR® par l'Allemane. Itinéraire plus court que le sentier GR® 65, mais dépourvu d'hébergement (*voir pages 78 et 79*).

Du Bornet à Bellegarde 3 km 45 mn

A Bellegarde : 🛏 🛒 ✕

90 Au **Bornet**, poursuivre tout droit par le large chemin qui entre dans la forêt, en ignorant les nombreux sentiers de chaque côté. Il serpente en ligne de crête. Près des bâtiments d'exploitation, continuer par la route. Aux Grandes-Bruyères (*430 m*), se diriger à gauche vers le réservoir, puis bifurquer sur le sentier à droite, passer sous la ligne électrique et descendre. Prendre la route à droite jusqu'à l'entrée de **Bellegarde** (*330 m*).

De Besançon au Puy-en-Velay, en passant par la Loire

Parmi ceux qui ont marché sur cette voie, quelques hommes ont à cette occasion accompli une expérience originale, d'une certaine façon les héritiers des pèlerins pénitentiels du Moyen Age ! En 2001, neuf incarcérés en fin de peine, ont entrepris de marcher durant 45 jours sur le chemin de Saint-Jacques de la maison d'arrêt de Besançon jusqu'à Saint-Jean-Pied-de-Port. Cette initiative de l'association de Saint-Jacques, en Rhône-Alpes, destinée à faciliter leur réinsertion, leur a donné l'occasion d'emprunter une partie de la route Genève-Le Puy, à partir de Chavanay dans la Loire.

Témoignages contemporains

Même si la voie Genève-Le Puy ne se définit pas comme un « authentique chemin de Saint-Jacques » au même titre que les quatre grandes routes françaises, on y marche néanmoins sur d'antiques voies romaines et d'anciennes routes commerciales comme la Route du Sel, ce qui la rend attachante à ceux qui l'empruntent aujourd'hui. Ils y retrouvent « l'esprit du chemin », évoquant de « très belles étapes » et surtout des vues privilégiées saisies du haut d'un plateau ou d'un sommet montagneux, visions saisissantes sur les sommets jurassiens et sur les cimes alpines. La fin de l'itinéraire s'offre en immenses perspectives sur les croupes vellaves, tandis qu'en

Avant le carmel de Surieu. *Photo Manuel Arthus.*

arrière, de nouveau les Alpes profilent à l'horizon leurs élégantes arêtes. Et malgré tout, le dénivelé somme toute modeste, reste à la portée de tous. Sur ce chemin encore peu fréquenté, le randonneur est certain de vivre de grandes marches solitaires. Parmi les quelques rencontres, surtout des suisses et des allemands, partis de chez eux à pied. Le balisage y est très visible, et également dans le sens du retour vers Genève. Aux étapes, l'accueil des pèlerins est particulièrement chaleureux, la plupart du temps chez l'habitant, qui s'attache à vous faire découvrir toutes les spécialités gastronomiques régionales. (1)

Renaissance d'un chemin de Saint-Jacques

Témoignant du regain d'intérêt pour ce nouvel itinéraire de Saint-Jacques, diverses instances locales ont œuvré pour jalonner ce chemin de clins d'œil jacquaires. Plusieurs communes ont ainsi récemment baptisé une de leurs rues, rue Saint-Jacques, rue des Pèlerins, etc. Sur l'ensemble du chemin, une douzaine de panneaux d'information ont été installés par l'association des Amis de Saint-Jacques, en Rhône-Alpes, et les CDRP de la FFRP, avec le concours de la fondation Gaz de France. Ainsi à Beaumont et à Charly, on trouve deux statues de saint Jacques d'Estelle Briot, de même que dans les bois de Pomier (statue métallique de Georges Brand) ou à Contamine-Sarzin (bas-relief en bronze de Stéphane Gantelet). Plus loin, en Savoie, Jongieux s'est vu doter d'une effigie d'un pèlerin en marche en métal peint, tandis qu'à Saint-Maurice-de-Rotherens, une petite statue moderne de saint Jacques est venue prendre place dans la niche d'une croix ancienne. A Valencogne dans l'Isère, c'est un oratoire Saint-Jacques qui est inauguré le 25 juillet 2004 et à Balbins-Ornacieux, une petite fontaine en forme de coquille attend le pèlerin randonneur.

Statue st-Jacques. *Photo Dagli-Orti.*

(1) Pour la rédaction de cet article, merci à Jean-Marc Lécuyer, de Bretagne, Sophie Dahoun, Jacques Andrey et Andres Rutschi, de Suisse.

De **Bellegarde** à **Saint-Romain-de-Surieu** `9 km` `2 h 30`

A Saint-Romain-de-Surieu : 🛏

91 Ne pas entrer dans **Bellegarde**, mais s'engager à droite sur le sentier en direction de Notre-Dame-de-la-Salette. Grimper par le raidillon à gauche et accéder à la chapelle (*un pélerinage a lieu tous les ans pour commémorer l'apparition de la Vierge à La Salette, commune de Corps, à l'autre bout du département de l'Isère, le 19 septembre 1846*). Prendre le sentier à gauche, continuer par la route à gauche, couper la D 46 et emprunter le chemin qui mène à la table d'orientation de Poussieu (*400 m*). Poursuivre par le chemin, traverser la route et parcourir la petite route qui passe près d'un cimetière récent (*vue sur le clocher de Poussieu*). Se diriger tout droit par cette route, passer un hameau et un hangar isolé.

92 S'engager à gauche sur le sentier qui entre dans la forêt et arriver près d'un réservoir.

93 Prendre le sentier à droite du réservoir sur quelques mètres, tourner à gauche puis à droite et déboucher dans une clairière. Poursuivre à droite par le chemin qui passe près de la croix de Pierafay et obliquer à droite dans la forêt. Emprunter la route à gauche et arriver à l'entrée de Surieu (*314 m*).

La tour de Surieu (murs de 1,80 m d'épaisseur et 12 m de haut) est l'unique vestige du château féodal construit en molasse et cailloux granitiques.
L'église de style roman primitif est dotée d'un oratoire du IXe siècle. Le clocher et la nef sont percés de meurtrières et de fenêtres étroites et hautes. Elle fait partie du monastère des carmélites. Le carmel, lieu de silence, est toujours en activité.

94 Prendre la route à gauche. Elle descend en lacets, franchit le pont sur la Sanne et débouche sur la D 134, à l'entrée de **Saint-Romain-de-Surieu** (*249 m*).

De **Saint-Romain-de-Surieu** aux **Grands-Chênes** `2,5 km` `40 mn`

95 Suivre la D 134 à droite sur 200 m, puis la route qui monte à gauche vers la ferme de la Limone, l'église et le cimetière de **Saint-Romain-de-Surieu**. La route s'élève. Tourner à droite en direction des Limones puis, à gauche, en direction du Canard. Franchir le ruisseau de Limone et remonter la combe. Au second lacet, prendre le sentier à droite et entrer dans le bois. Virer à gauche et gagner **Les Grands-Chênes** (*371 m*).

▶ Arrivée de la variante par l'Allemane à droite (*voir pages 78 et 79*).

Des **Grands-Chênes** à **Assieu** `1,5 km` `20 mn`

A Assieu : 🍴 ✕ ℹ

96 Aux **Grands-Chênes**, continuer tout droit par le large chemin (*vue sur le clocher d'Assieu*). Prendre la route à gauche, puis le sentier à droite. Il vire à gauche. Emprunter la route à droite, la D 131 (*panneau d'information jacquaire*) à gauche sur 20 m et entrer à droite dans **Assieu** (*250 m*).

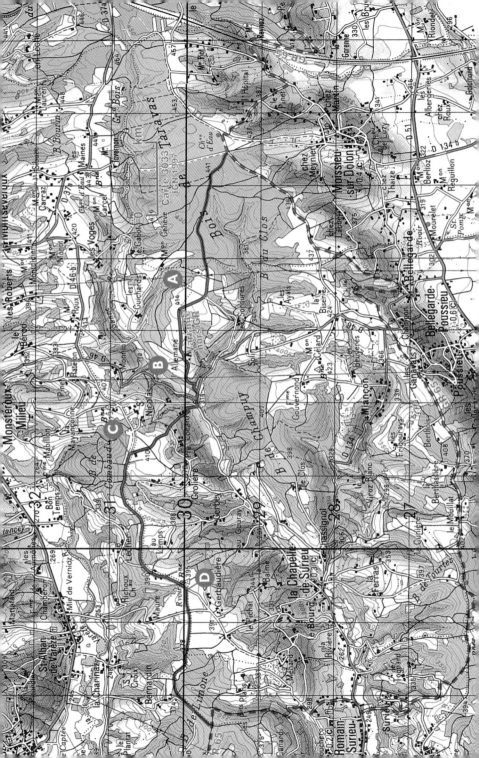

Variante hors GR®

Du **Bornet** aux **Grands-Chênes**   `9,5 km` `2 h 50`

▶ Le GR® 65 vient de Revel-Tourdan et continue tout droit vers Bellegarde et Saint-Romain-de-Surieu (*voir pages 72 et 73*).

Au **Bornet** (*438 m*), traverser la piste, puis s'engager sur le sentier à droite. Il entre dans la forêt de Taravas.

La forêt de Taravas est composée de feuillus : châtaigniers, chênes ou hêtres. Taravas a pour origine Taramis, dieu gaulois, chef guerrier et druide, assimilé à Vulcain, dieu du feu et du tonnerre.

Au carrefour, bifurquer à gauche et poursuivre tout droit dans la forêt. Sortir du bois, passer sous une ligne électrique et continuer par le chemin en direction de L'Espagnole (*423 m*).

A Obliquer sur le chemin à droite et poursuivre par la route qui mène à L'Allemane (*380 m*).

Propriété privée, le domaine de l'Allemane est une ancienne maison de maître XVIIIe. Sur la porte en fer forgé datée de 1781, on peut voir le monogramme de La Rochetière qui fit construire cette maison.
A gauche, le sentier vient de la font du Loup qui signifie fontaine aux Loups. Autrefois, ceux-ci étaient très nombreux dans le secteur et venaient s'abreuver dans le ruisseau qui serpente au fond de la combe. Les registres paroissiaux attestent de leur présence jusqu'en 1758, date à laquelle le dernier loup fut tué à Moissieu-sur-Dolon.

B Longer la propriété par la droite et descendre dans la combe de la Sanne (*314 m*). Emprunter la D 46 à droite et franchir le pont. Au carrefour, continuer tout droit par la petite route, puis tourner à droite, remonter la combe et gravir la pente à gauche. Traverser le hameau et poursuivre la montée jusqu'au plateau. Peu après une maison isolée sur la gauche, arriver à un croisement (*400 m*).

C Prendre le chemin à gauche. Il traverse un bois, continue à découvert et parcourt la crête. Passer un réservoir (*395 m*) et poursuivre sur 50 m.

D S'engager à droite sur le chemin qui reste sur la crête et pénétrer dans la forêt. Obliquer à gauche, rejoindre une route et l'abandonner pour le sentier de niveau à gauche qui conduit aux **Grands-Chênes** (*371 m*).

▶ Jonction avec le GR® 65 qui arrive à gauche de Saint-Romain-de-Surieu et se dirige à droite vers Assieu (*voir pages 72 et 73*).

D'Assieu à Auberives-sur-Varèze

`5 km` `1 h 15`

A Auberives-sur-Varèze : 🏨 ✕

97 Traverser **Assieu** par la rue Saint-Jacques-de-Compostelle et continuer par le chemin en face. Arriver à un carrefour *(240 m)*.

98 Tourner à gauche vers Les Meuilles, puis descendre à droite par la route et gagner une patte d'oie *(225 m)*. Prendre la route du milieu entre les maisons et monter par le chemin sur le plateau. Continuer à travers les vergers, puis emprunter à droite la route qui longe l'A 7. Gravir la montée Verte à gauche, franchir l'autoroute et utiliser la route à droite. Elle mène à l'entrée Sud-Est d'**Auberives-sur-Varèze**.

D'Auberives-sur-Varèze à Clonas-sur-Varèze

`3 km` `45 mn`

A Clonas-sur-Varèze : 🏨 ⛺ 🛒 ✕

99 Ne pas entrer dans **Auberives-sur-Varèze**, mais prendre le chemin des Vignes et poursuivre à droite. Traverser la N 7 à droite du rond-point et continuer par la route du Château-d'Eau vers La Pêche. A la coopérative fruitière de La Pêche, descendre par la route à gauche.

100 S'engager sur le chemin à gauche. Au pylône, continuer par la route vers La Règnie, prendre la rue du 19-Mars-1962, l'impasse des Aubépines puis les escaliers du chemin de la Côte et arriver dans **Clonas-sur-Varèze** *(180 m)*.

De Clonas-sur-Varèze à Chavanay

`6 km` `1 h 30`

A Chavanay : 🏨 🛒 ✕ ☕ 📧 🚌

A La Petite-Gorge (hors GR) : 🛏

101 A **Clonas**, emprunter les rues des Cerisiers, de la Convention et du 11-Novembre, puis la D 37b à gauche. A la hauteur de la rue des Cèdres, descendre tout droit par la route de la Varèse. Rester sur le trottoir de droite. Au bout, poursuivre par la route du côté gauche. Traverser la D 4 et continuer par la route de la Gare. S'engager à gauche sur le sentier qui escalade le talus de la D 37b et la longer à droite (*en restant à l'extérieur de la glissière de sécurité*) jusqu'au pont du chemin de fer *(166 m)*.

102 Franchir la glissière de sécurité, utiliser le trottoir pour passer le pont et retraverser la glissière pour continuer sur le bas-côté de la route. Au bout de la glissière, couper la route et prendre à gauche la route de Chavanay. Au carrefour, s'engager à droite sur le chemin des Vernets, utiliser le pont qui enjambe la D 37b et tourner à gauche dans la rue du Ranch. Poursuivre par le chemin des Crêts *(158 m)*.

103 Dans le virage, quitter la route pour descendre à gauche par le chemin des Acacias. Prendre le chemin du Bâtard à droite. Laisser à droite la C 3 vers Saint-Alban-de-Rhône, suivre l'impasse des Cyprès, puis bifurquer à gauche et emprunter la D 37b à droite pour franchir le pont qui enjambe le Rhône *(156 m)*.
L'itinéraire quitte le département de l'Isère pour celui de la Loire.

Loire

Des hautes terres du Forez, contrefort du Massif Central,
aux rives du Rhône à l'ambiance déjà méditerranéenne,
des coteaux du Roannais, porte de la Bourgogne,
aux Monts du Lyonnais, le département de la Loire s'étend
le long du fleuve qui lui a donné son nom.
Ici, c'est la Loire comme vous ne l'avez encore jamais vue ;
Monts de la Madeleine, Monts du Forez, Montagnes du Matin,
Massif du Pilat évoquent les grands espaces propices à la
pratique de la randonnée.

Crédit photo : JL Rigaux - F. Baudin - Création & réalisation : CD TLOIRE

CONSEIL GENERAL
LOIRE
EN RHÔNE-ALPES

COMITE DEPARTEMENTAL DU TOURISME DE LA LOIRE
5, Place Jean-Jaurès - 42021 SAINT-ETIENNE CEDEX 1
Tél : 04 77 43 24 42 - Fax : 04 77 47 16 39

Des vignobles aux sapinières du Parc du Pilat

Créé en 1974, le Parc naturel régional du Pilat s'étend sur 700 km², culminant au crêt de la Perdrix, à 1 432 m. Avec sa parure forestière naturelle, le Pilat s'articule autour d'une ligne de crêtes. Il doit sa richesse biologique à sa situation de carrefour climatique, à la croisée d'influences continentales, océaniques et méditerranéennes. La forêt de hêtres et de sapins sur les hauteurs cède le pas aux chênes, châtaigniers, cèdres, épicéas et pins en-dessous de 800 m. En 1769, l'écrivain Jean-Jacques Rousseau vint herboriser sur les pentes du Mont-Pilat. Au printemps, les prairies se tapissent de jonquilles sur des centaines d'hectares. Au fil des saisons, le randonneur découvrira une flore diversifiée : digitales, arnicas des montagnes, alchémilles des Alpes, violettes des prés, centaurées, callunes. Les tourbières comptent encore quelques droséras, une plante carnivore (protégée) capable de « digérer » les insectes. La façade orientale du Pilat et la vallée du Rhône font désormais partie de l'aire de répartition de la cigale. Son chant confère aux étés du Pilat un avant-goût de Provence. La bordure rhodanienne du Parc est surplombée de vignobles en terrasses qui produisent des côtes-du-rhône réputés : le saint-joseph, le condrieu et le château-grillet qui s'inscrivent parmi les grands vins de France. Enfin, le Côte-Rôtie compte parmi les vignobles les plus anciens de France, évoqué par des auteurs latins et grecs. Si le syrah représente l'essentiel de l'encépagement, le viognier lui est parfois associé. Aux notes de framboise, d'épices et de violette, viennent s'ajouter des arômes de vanille.

Arnica. Dessin Nathalie Locoste.

Sapinière. *Photo Frédéric Béal / CDRP42.*

Avant la voie ferrée, prendre la petite route à droite.
► Panneau d'information sur le chemin de Saint-Jacques-de-Compostelle.
► A gauche, chambres d'hôtes à La Petite Gorge.
Emprunter le passage sous la voie et rejoindre la N 86. Franchir le pont sur la Valencize, puis descendre sous le pont pour rejoindre le parc de **Chavanay** (*165 m*) au bord du ruisseau.

De **Chavanay** à **Bessey**　　　　　　　　　　　 6,5 km ▐ 2 h

A Bessey : 🏠 ✕ ☕

A Chavanay, deux crus des Côtes du Rhône, le Condrieu et le Saint-Joseph, sont récoltés sur des terrasses de pierres sèches orientées Sud/Sud-Est. Dans le bourg et ses environs, de nombreuses caves de dégustation peuvent désaltérer le pèlerin !

⑩④ Quitter le parc par la route qui franchit la Valencize et longe un bassin de joute nautique (*jeu traditionnel des mariniers du Rhône*), situé aux portes du vieux bourg de **Chavanay**. Monter à droite par la rue de la Chorérie. Prendre la route à droite sur 20 m, puis grimper par le sentier à gauche. Il conduit à la chapelle du Calvaire (*abandonnée en 1892, elle a été restaurée plus de 100 ans plus tard par l'association des Amis de la chapelle du Calvaire ; vue panoramique sur Chavanay et la vallée du Rhône*). Continuer l'ascension jusqu'au transformateur qui domine le hameau de La Ribaudy (*305 m*). Traverser le hameau (*caves de dégustation et placette champêtre*).

⑩⑤ Emprunter le chemin qui descend au milieu des vignes dans le ravin du Mornieux (*264 m ; dans cette région du Pilat, de profonds ravins ont été creusés par des petits affluents du Rhône. Contrastant avec les espèces thermophiles des versants ensoleillés, se développe ici un milieu frais et humide, peu accessible pour l'homme*). Remonter par le chemin empierré sur le plateau où les vergers remplacent les vignes.

⑩⑥ Avant la route, bifurquer sur le chemin à droite. Couper la D 79 et continuer tout droit (*en face, panorama sur les proches sommets du Pilat avec le relais de télévision du Crêt de l'Œillon qui culmine à 1370 m d'altitude et le site minéral des Trois-Dents à 1211 m*). A la croix, aller tout droit, franchir un second ravin et poursuivre par une petite route sur 250 m. Prendre le chemin à droite et gagner **Bessey** (*380 m*).

⋮　**Hors GR® pour Pont Jacquet :**　 1 km ▐ 10 mn
⋮　*A Pont Jacquet :* 🏠
⋮　*Voir tracé en tirets sur la carte.*

De **Bessey** au **Buisson**　　　　　　　　　　　 3 km ▐ 1 h

⑩⑦ Aux chalets de la Besseyrotte, à **Bessey**, monter par la D 67 vers un café-restaurant et bifurquer avant celui-ci sur le chemin à gauche. Emprunter la petite route à gauche et gagner Goëly. Traverser le hameau à gauche. Au lavoir et au puit, continuer sur 150 m par la petite route à gauche.

⑩⑧ Monter par le chemin à droite à travers les vergers. Couper la D 19, continuer par la petite route puis prendre à gauche et gagner **Le Buisson** (*468 m*).

⋮　**Hors GR® pour Maclas :**　 1 km ▐ 10 mn
⋮　*A Maclas :* 🏨 ✕ ☕ 🛒 🚲 🚌
⋮　Au Buisson, descendre à gauche par la route de Maclas.

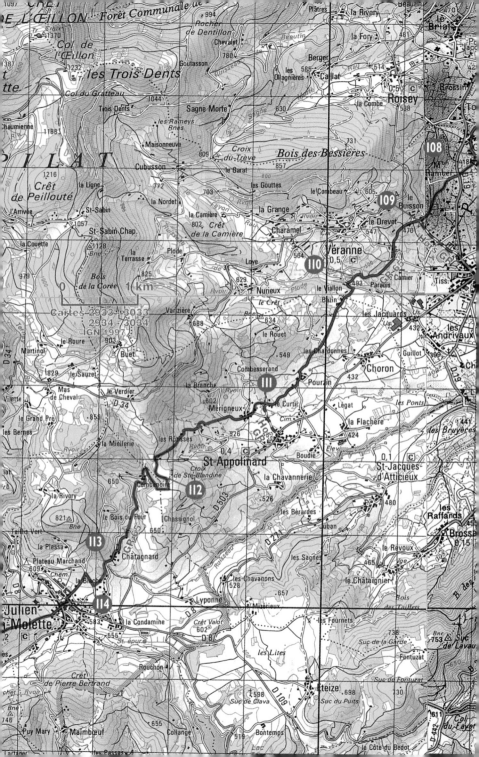

Du Buisson au Curtil　　　　　4 km　1 h

Domaine du château du Buisson (grande maison construite sur les ruines d'un château détruit par un incendie en 1825).

109 Au **Buisson**, continuer par la petite route à flanc de colline, puis monter par la route à droite sur 500 m.

A gauche en contrebas, la ferme fortifiée des Camiers (XVIIIᵉ) s'organise autour d'une cour et d'un pigeonnier.

110 Prendre deux fois la route à gauche et franchir le ruisseau de Plode. Après l'ancienne usine à tissage du Viallon, monter par la route à droite. Elle passe au lieu-dit Bazin (*fermes de granit*) puis près d'une aire de pique-nique (*point d'eau et toilettes*) et conduit aux hameaux du Pourzin et du **Curtil** (*470 m*).

Hors GR® pour Saint-Appolinard : 500 m　5 mn

Saint-Appolinard :

Du Curtil, continuer par la route qui tourne à gauche vers Saint-Appolinard. Clocher polychrome, musée de la radio-TSF (350 postes rassemblés par un collectionneur passionné).

Du Curtil à Saint-Julien-Molin-Molette　　　5 km　1 h 30

A *Saint-Julien-Molin-Molette :*

111 Au ruisseau du **Curtil**, grimper par le chemin puis par la route et traverser Mérigneux. 300 m après le hameau, monter à gauche aux lieux-dits L'Orme et Les Rôtisses. Après une courte mais rude montée en forêt, tourner à gauche et arriver à proximité de la monumentale croix de Sainte-Blandine (*693 m, aire de pique-nique ; panorama sur les Alpes*).

112 Descendre à flanc de colline au hameau de Combe-Noire. Passer entre les maisons et plonger au fond d'un vallon intime (*escaliers en rondins*). Le chemin longe le ruisseau et, plus insolite, une vigne qui semble un peu perdue, loin des Côtes du Rhône. Rejoindre une route et les maisons de Chatagnard. Poursuivre par la route jusqu'au premier virage.

113 Grimper par la piste en direction d'un lotissement. Monter par la route à droite jusqu'aux abords d'un second lotissement. Emprunter la petite route à gauche. Elle descend au bourg de **Saint-Julien-Molin-Molette**, arrosé par la rivière du Ternay (*590 m*).

Saint-Julien-Molin-Molette doit son drôle de nom aux moulins à grain ou à huile et aux molettes, sortes de meules à aiguiser les lames. Moulins et molettes étaient présents en nombre ici et actionnés par l'eau du Ternay. La force motrice de la rivière fut aussi utilisée pour le tissage de la soie naturelle. Abandonnées vers 1970, certaines des vastes usines de tissage ont été transformées en ateliers d'artistes.

De **Saint-Julien-Molin-Molette** à **Bourg-Argental** `7 km` `2 h`

A *Bourg-Argental :* 🏨 🛏 🏕 🛒 🍴 ☕ ⓘ ✉ 🚌

114 Passer la place de l'Eglise de **Saint-Julien-Molin-Molette**. Derrière une croix, gravir la montée des Anges jusqu'au calvaire. Poursuivre l'ascension par un chemin parmi les prés. Continuer à flanc jusqu'à Lampony (*712 m*). Entrer dans le hameau par une petite route, franchir le ruisseau et emprunter le chemin jusqu'au col du Banchet (*673 m*).

115 Emprunter la D 503 à droite sur 30 m, puis dévaler le chemin à gauche. Franchir le ruisseau, puis longer la N 82 à droite sur 100 m. Prendre la route à gauche, enjamber la Déôme puis en remonter la rive droite sur plus d'1 km. Le chemin emprunte des escaliers et longe la muraille de l'ancienne ligne de chemin de fer Le Puy - Annonay. Suivre la D 29 à droite, l'avenue de la Résistance (*à droite, cèdre du Liban géant*) et la N 82 à gauche sur 100 m. A la mairie de **Bourg-Argental** (*531 m*), tourner à gauche. Passer sous l'église (*de style roman provençal avec portail du XIIe*) et la maison du Châtelet.

▶ Panneau d'information sur le chemin de Saint-Jacques-de-Compostelle.

▶ Jonction avec le GR® 42 (*sentier des corniches du Rhône*) qui arrive à droite (*Nord*) de Saint-Etienne. Au Sud-Ouest, les GR® sont communs jusqu'à Moûne.

De **Bourg-Argental** à **Moûne** `1,5 km` `20 mn`

Bourg-Argental : maison du Châtelet, plus vieille demeure de la ville, en partie XVIe (office de tourisme, espace-découverte du Parc naturel régional du Pilat).

116 Continuer par la rue du docteur Moulin. A la sortie de **Bourg-Argental**, poursuivre par la D 503 sur 500 m (*prudence dans le virage*). Prendre à gauche la petite route qui franchit la Déôme et monter au hameau de **Moûne** (*609 m*).

▶ Séparation du GR® 42 qui part à gauche vers Beaucaire (Gard).

De **Moûne** à **la route de Bouniol** `4 km` `1 h`

117 Avant **Moûne**, prendre à droite le chemin qui contourne la colline. Il emprunte sur 6 km au total l'ancienne voie ferrée Le Puy - Annonay. Les rails ont été remplacés par une petite route qui évite les tunnels mais passe toujours par quelques ponts et le petit viaduc de la Poulette. Arriver à hauteur de la **route de Bouniol** (*754 m*).

Hors GR® pour Bobigneux : `500 m` `5 mn`
A *Bobigneux :* 🏨 ✕
Au niveau de la route de Bouniol, descendre dans la forêt par le chemin à droite et gagner à droite le château de Bobigneux (*maison forte du 16e*).

De **la route de Bouniol** à **La Gare** `1,5 km` `20 mn`

118 Laisser la **route de Bouniol** à gauche et continuer tout droit jusqu'à **La Gare**.

Hors GR® pour le centre de Saint-Sauveur-en-Rue : `1,5 km` `15 mn`
A *Saint-Sauveur-en-Rue :* 🏕 🛒 ✕ ☕ 🚌
Au lieu-dit La Gare, descendre à droite par la D 22.

LA HAUTE-LOIRE, LE MIDI DE L'AUVERGNE

L'explosion des sens

HAUTE-LOIRE
TOURISME

Comité Départemental de Tourisme - Tél : 04 71 07 41 54
Internet : www.mididelauvergne.com - E-mail : cdt@mididelauvergne.com

Le mont Meygal,
taupinières géantes et toits de lauze

Les sucs Yssingelais et le Meygal. *Photo Christian Bertholet.*

Encadré par la Loire et ses deux affluents, le Lignon et la Semène, le mont Meygal, qui surplombe le sentier GR® 65 du haut de ses 1 436 mètres (au Grand Testavoyre), s'étend sur une trentaine de kilomètres. Ce vaste massif tend vers le ciel ses volcans sans cratère, évoquant un chapelet de taupinières géantes. Ces hautes terres de granite et de lave, hérissées de pointements volcaniques souvent appelés sucs, résultent du formidable bouleversement qui se produisit il y a des millénaires au cœur du Velay oriental. Certains habitants de la région ont surnommé son sommet le « Testo Vouiro » ou « la tête qui s'égrène ». Ces dômes sont constitués de trachyte, d'andésite et enfin de phonolithe, cette lave claire qui se débite facilement en feuilles pour la fabrication de lauzes, utilisées depuis le Moyen Age pour la couverture des toits. Une fois extraites, les grandes dalles dont divisées en lauzes de deux à trois centimètres d'épaisseur, parfois seulement quelques millimètres. L'extraction de la roche et sa découpe constituent une tâche très délicate. Lorsque l'on frappe la pierre avec le burin ou la masse, celle-ci émet un son qui évolue au fur et à mesure que la résistance lâche. On dit que « la pierre chante ». C'est d'ailleurs à cela qu'elle doit son nom de *phonolithe*. Sur le toit, les lauzes sont savamment disposées en fonction de leurs irrégularités, puis fixées à l'aide d'un mortier sur la charpente de bois et enfin clouées au plancher. Un vieux proverbe disait qu'un toit de lauzes devait durer cent ans. De nos jours, la lauze reste un matériau très utilisé.

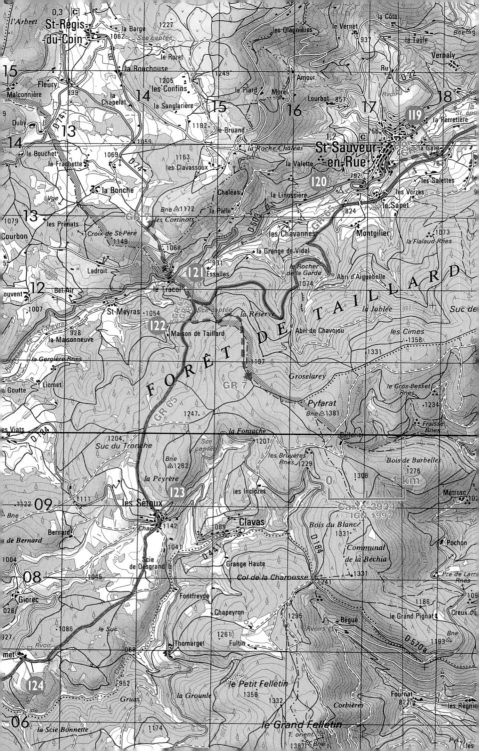

De **La Gare** à **la ligne de partage des eaux**　`6 km`　`2 h`

119 A **La Gare** (*ancienne gare*), continuer par la petite route (*points de vue sur la haute-vallée de la Déôme et le village de Saint-Sauveur-en-Rue*).

120 Au pont, grimper à gauche par la petite route de Montgilier sur 300 m, puis gravir le chemin à droite. Il s'élève en forte pente dans la forêt, passe à proximité de l'abri d'Aiguebelle et atteint, 3 km plus loin, une clairière, sur la **ligne de partage des eaux** entre l'Atlantique et la Méditerranée (*1062 m*).

▶ Jonction avec le GR® 7 (*sentier Vosges - Pyrénées*) qui arrive à droite (*Nord*) du col du Tracol et du ballon d'Alsace. A gauche, les GR® sont communs sur 300 m.

De **la ligne de partage des eaux** à **un embranchement**　`300 m`　`5 mn`

L'itinéraire quitte le Parc naturel du Pilat et le département de la Loire pour celui de la Haute-Loire.

121 Grimper par le chemin de gauche sur la **ligne de partage des eaux** sur 300 m et arriver à un **embranchement** (*1100 m*).

▶ Séparation du GR® 7 qui suit à gauche la ligne de partage des eaux jusqu'en Andorre.

De **l'embranchement** aux **Sétoux**　`3 km`　`45 mn`

Aux Sétoux : 🏠

Le sentier GR® 65 passe du versant méditerranéen au versant atlantique.

122 A l'**embranchement**, continuer tout droit la montée par le chemin principal. A l'amorce de la descente, couper la piste, poursuivre tout droit, puis sortir de la forêt et rejoindre le hameau des **Sétoux** (*1142 m*).

Des **Sétoux** au **chemin de la Voûte**　`5 km`　`1 h 30`　▬

123 A la chapelle des **Sétoux**, descendre par le petit escalier près de la croix, traverser la D 184 et poursuivre en face. A la sortie du hameau, passer devant le gîte d'étape et continuer par le large chemin entre terres cultivées et pâturages, sur 500 m. Ignorer le chemin de droite bordé d'arbres, entrer dans la forêt et se diriger tout droit. A l'orée du bois, le chemin se raccorde à celui provenant de l'arboretum et gagne le hameau de Lhermet (*1025 m*).

124 Dans le hameau, virer à gauche et passer près de l'abreuvoir couvert. Le chemin devient plus étroit. Descendre à droite. Au fond de la vallée, emprunter la D 18 à gauche pour franchir le ruisseau de Clavas sur le pont en pierre (*875 m*).

125 S'engager à gauche sur le chemin de terre qui s'élève dans le bois. Prendre la route à gauche sur 70 m, partir à gauche, puis suivre à droite le chemin qui monte en pente douce et atteint l'embranchement du **chemin de la Voûte**.

> **Hors GR® pour Saint-Julien-Molhesabate :** `2 km` `30 mn` ▭
> *Saint-Julien-Molhesabate :* 🏠
> Prendre le chemin de la Voûte à gauche et, dans le hameau, suivre la piste à droite qui s'élève dans la forêt et arrive dans le village (*1050 m*).

Du chemin de la Voûte à une route   `3 km` `50 mn` ▭

126 Laisser le **chemin de la Voûte** à gauche et prendre le chemin à droite. Emprunter la D 181 à droite jusqu'au hameau de Coirolles (*980 m*). Suivre la voie de gauche et, dans le virage, s'engager sur le chemin herbeux à gauche. Descendre, franchir le ruisseau (*905 m*), puis remonter d'abord à découvert puis sous les arbres.

127 Ignorer le chemin à droite et sortir du bois. Le chemin monte en lisière et franchit le thalweg. Suivre la route à gauche sur 500 m. Dans le virage, prendre le premier chemin à droite, entrer dans le bois et atteindre une fourche à trois branches (*1 000 m*). Emprunter le chemin à gauche, descendre et déboucher sur une **route**.

▶ Jonction avec le GR® 430 (*chemin de Saint-Régis*) qui vient à gauche de Lalouvesc. A droite, les GR® sont communs sur 1,5 km.

De la route à une intersection   `1,5 km` `25 mn` ▭

128 Suivre la **route** à droite, passer Etiennefy, et descendre par le chemin à gauche. Après le lacet, atteindre le fond de la vallée (870 m) et emprunter la D 44 à droite sur 500 m. A la sortie d'un virage à droite, prendre le chemin à gauche et franchir le ruisseau de Saint-Julien sur le pont. Passer à droite de la ruine, longer puis traverser l'affluent sur la passerelle. Grimper sous les arbres et gagner une **intersection** (*séparation du GR® 430 qui part à droite vers Dunières*).

De l'intersection à Montfaucon-en-Velay   `6 km` `1 h 30` ▭

A Montfaucon-en-Velay : 🏠 🏛 🛒 ✕ ☕

129 A l'**intersection**, continuer tout droit. Le chemin s'élève dans la forêt. Couper la route, emprunter le chemin en face, traverser la D 235, poursuivre tout droit par le chemin (*panorama sur le mont Mézenc, le mont Alambre, le pic du Lizieux et le massif du Meygal*), croiser la route et gagner une croisée de chemins (*954 m*).

130 Bifurquer à droite en lisière du bois, suivre la route à droite puis la D 501 à gauche sur 50 m. Emprunter la voie gravillonnée à gauche sur 350 m et gagner le carrefour des Suchers. Virer à droite et rejoindre le centre-ville de **Montfaucon-en-Velay** (*920 m*).

▶ Jonction avec le GR® 430 qui arrive à gauche de Montregard. Les deux GR® sont communs sur 1,5 km.

De Montfaucon-en-Velay à un carrefour `1 km` `15 mn`

Monfaucon-en-Velay : chapelle Notre-Dame (collection de douze tableaux XVIe de l'artiste flamand Abel Grimmer représentant les paraboles de l'Evangile).

▶ Panneau d'information sur le chemin de Saint-Jacques-de-Compostelle.

131 Au carrefour central de **Montfaucon-en-Velay**, prendre la D 105 en direction du Puy. A la sortie du bourg, bifurquer à droite sur la D 66 vers Raucoules et franchir la voie ferrée métrique. Après la scierie, s'engager sur le chemin à gauche, continuer par la petite route (*à droite, village de Raucoules*) et atteindre un **carrefour** (*915 m*) près d'une croix en pierre, au pied d'un hêtre massif.

▶ Séparation du GR® 430 qui part à droite vers Dunières.

Du carrefour à Tence `8 km` `2 h`

A Tence :

132 Au **carrefour**, prendre la route à gauche. Après les habitations des Lardons, virer à gauche, suivre la D 105 à droite sur 100 m, puis s'engager sur le chemin herbeux à gauche. Emprunter la D 64 à gauche sur 750 m.

133 Bifurquer à droite sur la route secondaire, passer quelques habitations et parvenir à une intersection. Continuer tout droit. A la dernière habitation du Fayard, poursuivre par le chemin et franchir un ruisseau sur le pont de pierre (*866 m*).

134 A la fourche, prendre le chemin à droite entre les prés puis dans les bois. Suivre la route à gauche, puis la D 500 à droite sur 120 m, puis s'engager sur le chemin à droite entre les maisons de La Combe (*croix en fer forgé*). Franchir la voie ferrée Dunières - Saint-Agrève et continuer jusqu'au hameau de La Brosse. Longer le mur du parc du château et emprunter la route à gauche. A la sortie du hameau, couper la route et aller tout droit jusqu'à la bifurcation.

135 Partir à droite. A la croix, continuer en ligne droite. Après les champs, traverser le bois et arriver au Mounas. S'engager sur le chemin de terre à droite. Il descend et parvient à l'ancienne papeterie (*822 m ; halte-randonneur*). Poursuivre par la route sur 1,3 km et arriver aux premières maisons de Salettes.

136 A la fourche, prendre à droite l'allée de Salettes. Au centre du hameau, s'engager à droite sur le chemin des Jonquilles, puis enjamber le ruisseau des Mazeaux grâce à la passerelle. Emprunter la rue du Moulin à gauche, traverser la D 500 et aboutir place du Chatiague.

▶ Jonction (place de chatiague) avec le GR® 430 qui arrive à gauche de Montregard. A droite, les deux GR® sont communs jusqu'à Brives-Charensac, près du Puy.

Au centre de la place, descendre à droite par la rue Auguste-Cuoq et déboucher dans la Grande rue de **Tence** (*851 m*). La traverser en diagonale à gauche.

De Tence à Saint-Jeures
`8 km` `2 h`

A Saint-Jeures : 🏠

137 S'engager à droite sous une arche, poursuivre par le chemin de terre et quitter **Tence**. Franchir le Lignon sur la passerelle, puis longer la berge à gauche jusqu'à l'usine. Virer à droite, prendre la D 103 à gauche sur 500 m jusqu'au second embranchement et continuer par la petite route qui part entre la D 103 et la D 500, en direction de Clautre.

138 A l'orée du bois, bifurquer à droite. Dans la descente, rester à droite, franchir le ruisseau de Joux et, après une courte côte, déboucher sur la D 103. Ne pas l'emprunter, mais prendre à gauche la voie bordé d'érables planes sur 200 m, puis la route qui s'élève à droite. Elle mène aux Gouttes. A l'entrée du hameau, partir à gauche sur le chemin qui rejoint un bois puis le longe à droite.

139 Au carrefour, virer à droite, passer le croisement et traverser Pouzol. A la sortie du hameau, descendre par la route à gauche. A Barantaine, couper le virage de la route par le chemin. Laisser la route de L'Allier à gauche et franchir le ruisseau de Mousse. Dans le hameau des Moulins, prendre la route à droite puis la route à gauche et croiser la D 18. Poursuivre par le large chemin (*lorsque la vue se dégage à gauche, remarquer le pic du Lizieux*). Traverser la route et arriver à une bifurcation.

140 Partir à gauche. Près d'une croix, ignorer le chemin qui part à droite et poursuivre jusqu'à l'entrée de Saint-Jeures. Tourner à droite, longer le cimetière et parvenir sur la place de l'Eglise de **Saint-Jeures** (*frêne remarquable*).

De Saint-Jeures à Araules
`4 km` `1 h`

A Araules : 🛒 🍴

141 A **Saint-Jeures**, descendre à gauche, passer place de la Mairie et, au carrefour, prendre la direction d'Araules à gauche. A la sortie du village, poursuivre par la D 18 à droite sur 100 m. Descendre par le chemin herbeux à droite (*vue sur les sucs d'Achon et des Ollières*). Le chemin continue entre bosquets, champs et pâturages jusqu'à La Rochette.

142 Virer à gauche, couper la D 18 et continuer par le chemin de terre. A la maison, tourner à droite puis, à l'embranchement, aller tout droit (*vue sur Araules*). Emprunter la route à droite puis la D 18 à gauche et franchir le ruisseau de l'Auze. Après le pont, poursuivre par la D 18 sur 200 m, puis s'engager sur le chemin herbeux à gauche. Il monte à **Araules** (*1033 m*).

Des maisons d'assemblées pour les Béates

A partir du XVIIe siècle, une institution se développa de façon particulièrement marquée dans la région du Velay, les Béates. Cette sorte de religieuses « laïques » considérées comme de « saintes femmes », se dévouaient à la population du village. C'est ainsi que l'on trouve dans la région de nombreuses *maisons d'assemblées* jadis construites par le village pour héberger la béate, où celle-ci organisait des veillées et des couviges (réunions de dentellières). Entre autres, la béate recevait les jeunes enfants à qui elle enseignait le catéchisme, la lecture, l'écriture et le calcul. Elle jouait aussi le rôle de confidente auprès des villageoises, se chargeait de soigner les malades et de veiller les morts. Si leur institution a disparu au milieu du XXe siècle, les maisons d'assemblée se dressent encore ici et là, témoins de cette époque.

Assemblée de Montvert, Champclause. *Photo Christian Bertholet.*

Compagnies de bandits en Velay et Vivarais

A certaines époques, au XVIIIe siècle notamment, le Velay, le Vivarais, le massif du Pilat également, étaient le domaine de prédilection des brigands, sorte de compagnies volantes de grand chemin. Celles qu'on appelait les « Grandes compagnies » représentaient forcément une inquiétante menace pour les pèlerins sans défense qui voyageaient souvent isolés ou en petits groupes. Ces bandes descendaient d'Yssingeaux, de Saint-Etienne, de Monistrol ; on sait par exemple qu'il y en eut à Tence. Longtemps, les justices locales n'en vinrent pas à bout. Néanmoins, excédés, les seigneurs vellaves organisèrent un guet-apens avec une armée de trois cents lances, non loin de Bourg-Argental, contre un certain Louis Roubaud, chef de bande redouté. On raconte que les rescapés de sa bande auraient poussé jusqu'aux portes du Puy pour se venger. Par ailleurs, en 1733, le roi fit mettre en place une commission spéciale dans l'ensemble de la région, qui organisa de sévères dragonnades, entraînant de nombreuses arrestations et départs aux galères. (1)

Témoins jacquaires en Haute-Loire

Point de départ vers Compostelle, Le Puy était aussi un point de rassemblement pour les pèlerins arrivant d'autres régions. De nombreux itinéraires venaient compléter celui qui arrivait de Genève et du mont Sion, tel celui descendant de Cluny au Nord ou celui arrivant de Valence à l'Est. Le trafic de pèlerins en amont du Puy explique qu'en Haute-Loire, plusieurs étapes de cette route sont marquées du sceau du pèlerinage. A Tence, le musée aménagé dans l'ancienne chapelle des pénitents montre une toile peinte figurant un très beau saint Jacques en marche arborant chapeau et auréole. Au chevet, une vaste boiserie représente encore saint Jacques et son bourdon de pèlerin. A Araules, une maison montre son linteau sculpté d'instruments agricoles, encadré de coquilles jacquaires. A Saint-Julien-Chapteuil, une chapelle de l'église est dédiée à saint Jacques, et un meuble de la sacristie dévoile un saint Jacques pieds nus. Enfin, à l'extérieur, une coquille apparaît au pied d'une porte millésimée 1863. (2)

Eglise de Saint-Julien-Chapteuil. *Photo Christian Bertholet.*

(1) Jean Peyrard, *En Loire, Haute-Loire, Ardèche, avec les brigands et bandits de grand chemin*
(2) Jean Chaize, Revue *Le fil de la borne*, « *saint Jacques, la Haute-Loire témoigne* », 1992

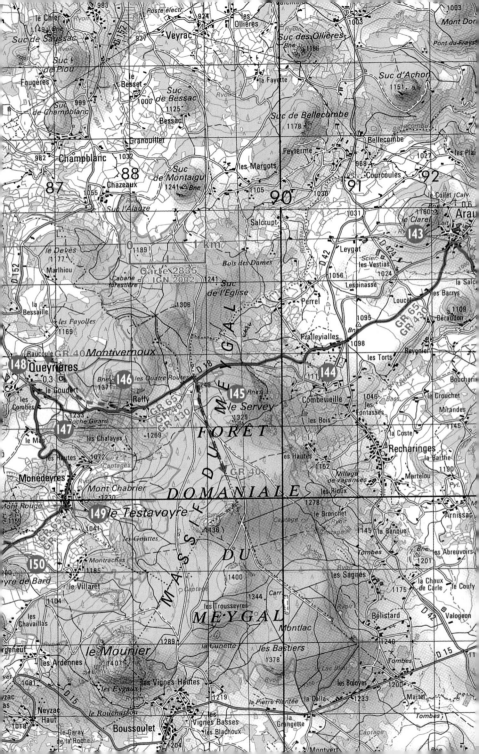

D'Araules aux **Quatre-Routes**

4,5 km **1 h 30**

Araules : habitat typique, église Notre-Dame.

143 Tourner à gauche. Par la rue principale d'**Araules**, arriver aux dernières maisons, puis s'engager sur le chemin herbeux à gauche. Franchir le ruisseau, puis monter entre deux rangées de frênes. Laisser l'ancienne ferme des Barrys à droite, poursuivre sur 200 m, couper la route et continuer par le chemin en face (*décalé à droite*) entre champs et pâturages. Emprunter le chemin à gauche, croiser la D 42 et prendre en face la route étroite qui traverse Pialevialle. Suivre la route à gauche sur 200 m.

144 Aux dernières maisons, monter par le chemin à droite. Passer à droite d'une habitation, puis suivre la D 18 à droite sur 900 m. Elle entre dans la forêt du Meygal et arrive au carrefour des **Quatre-Routes** (*1248 m*).
▶ Jonction avec le GR® 40 (*tour du Velay*) qui arrive à gauche, par un étroit chemin, de Boussoulet. A droite, les trois GR® sont communs jusqu'à Raffy.

Des **Quatre-Routes** à **Raffy**

1 km **15 mn**

145 Au **Quatre-Routes**, prendre la route forestière à droite sur 50 m, puis le chemin à gauche. A l'embranchement près de La Banque, continuer en face par le chemin qui s'élève le long d'une ligne électrique (*vue sur le Testavoyre et sur le Mounier*) et poursuivre par la route à droite sur 100 m. Passer à gauche de la maison d'assemblée de **Raffy** (*1280 m ; vue sur le Meygal*) et, 150 m après les dernières maisons, parvenir à un carrefour.
▶ Séparation du GR® 40 qui continue par la route vers le col du Pertuis.

De **Raffy** à **Queyrières**

1,5 km **20 mn**

A Queyrières :

146 Descendre à gauche par le chemin herbeux, suivre la D 18 à droite, passer près d'une fontaine puis, après un virage à droite, s'engager sur le sentier à gauche et atteindre une croisée de chemins.

147 Virer à droite et parvenir aux premières maisons de **Queyrières** (*1200 m*).
Le rocher de Queyrières est constitué d'orgues basaltiques.

Queyrières. *Photo Christian Bertholet.*

De Queyrières à Combe Noire

`3 km` `45 mn`

148 Au carrefour, ne pas gagner **Queyrières**, mais prendre à gauche en angle aigu la D 152 sur 700 m. Laisser le hameau du Mas à droite, puis s'engager sur le chemin à droite. A la bifurcation, descendre à gauche (*vue sur le village de Monedeyres*). A l'embranchement, choisir la voie de gauche et gagner Monedeyres (*1050 m*). Traverser le village par la route à droite jusqu'à l'église, puis suivre la rue à droite.

Monedeyres possède une église non consacrée construite par les habitants du village. Son histoire a été reprise par Jules Romains dans Cromedeyre le Vieil. Maison de la Béate (*ou maison d'assemblée*).

149 Aux dernières maisons, se diriger à droite sur 50 m, tourner à gauche pour sortir du village et, à la fourche, s'engager sur la voie de droite. Près du ruisseau, à l'intersection, poursuivre tout droit par le sentier du Mont-Rouge (*chemin très humide*). Franchir un second ruisseau et rester sur le chemin devenu étroit qui rejoint une voie plus large. Ignorer le chemin à droite, commencer à monter et arriver, dans un virage, à l'embranchement de **Combe Noire** (*976 m*).

Variante hors GR® pour Saint-Julien-Chapteuil : `4,5 km` `1 h 15`
A Saint-Julien-Chapteuil :

Le chemin à droite descend dans la combe Noire. Passer le moulin de Guérin et franchir la Sumène. Continuer à gauche par le chemin en rive droite, gagner La Chapuze, puis traverser la Sumène (*fin du balisage jaune*) et suivre une série de routes jusqu'à **Saint-Julien-Chapteuil** (*voir tracé sur la carte*).

De la Combe Noire à Saint-Julien-Chapteuil

`7 km` `1 h 45`

A Saint-Julien-Chapteuil :

150 Laisser à droite le chemin qui descend dans **Combe Noire** et poursuivre l'ascension à gauche sur 500 m. Emprunter la D 152 à droite et traverser La Faye. A la sortie du hameau, s'engager sur le chemin à droite puis sur l'étroit sentier à gauche. Il mène à Bard. Prendre la route à gauche et passer la maison d'assemblée.

151 A l'embranchement, tourner à gauche, couper la D 152, passer à droite du four à pain puis à droite de la dernière maison du hameau. Poursuivre la montée par le sentier, emprunter la route à droite sur 200 m, puis s'engager sur le second chemin à droite.

152 A l'intersection (*942 m*), virer à droite, puis franchir le ruisseau de Neyzac (*moulins avec toit en chaume*) et arriver aux Couderts. Prendre la route à gauche, bifurquer à droite, traverser la D 15 et descendre en face. A la fourche, suivre le sentier de droite. Il passe à droite d'un moulin. Enjamber le ruisseau du Fraisse et remonter à Chanalez.

153 A l'entrée du hameau, prendre la route à droite, continuer par le chemin et longer le ruisseau. A la croix, descendre à droite et poursuivre tout droit jusqu'à **Saint-Julien-Chapteuil** (*821 m*).

De Saint-Julien-Chapteuil à Saint-Germain-Laprade

8,5 km 2 h 10

A Saint-Germain-Laprade : 🍽 🛒 ✕

Saint-Julien-Chapteuil : église avec clocher à peigne, musée Jules Romains.

154 Sur la place du Marché, à **Saint-Julien-Chapteuil**, prendre à droite la rue Chaussade et descendre jusqu'à la place Saint-Robert. Tourner à gauche en direction du Puy et poursuivre par la D 15 sur 1,2 km (*prudence*) jusqu'à la seconde voie à droite.

155 Partir à droite, descendre et parvenir sur les bords de la Sumène. La longer sur 30 m à gauche, puis l'enjamber sur une passerelle (*768 m*) et continuer par le chemin à gauche. Il conduit à Eynac (*rocher d'orgues basaltiques*). Au centre du hameau, au niveau des équipements communautaires, prendre en face la route qui s'abaisse en direction de Tournecol.

156 Bifurquer à gauche pour franchir la Sumène. La route s'élève et gagne le hameau de Tournecol. Continuer tout droit en direction de Marnhac. A l'embranchement, rester à gauche et atteindre le centre de Marnhac. Se diriger à droite sur 50 m.

Croix sous les murs de l'église de St-Julien-Chapteuil.
Photo Léo Gantelet.

157 Au lavoir, virer en angle aigu à gauche et suivre la petite route jusqu'à la sortie du hameau. Descendre par le chemin à droite de la croix, ignorer une voie herbeuse à droite, franchir le ruisseau de la Trende et parvenir à un carrefour. Aller à gauche sur 100 m et, devant la maison, tourner à droite. Couper la D 150, continuer en face par la voie rectiligne puis par la D 150 jusqu'à **Saint-Germain-Laprade** (*668 m, église avec cœur du Xe siècle, un des plus ancien de la région*).

De **Saint-Germain-Laprade** à **Brives-Charensac**   `3 km` `45 mn`

A Brives-Charensac :

158 Traverser **Saint-Germain-Laprade** et continuer par la D 150 sur 1 km.

159 A la croix, s'engager sur le chemin de terre ombragé à gauche. Il s'élève entre haies et bosquets. Atteindre une route. La suivre à droite sur 750 m. Juste avant de rejoindre une route plus importante, découvrir un sentier sur la gauche.

▶ Séparation du GR® 430 qui part à gauche, traverse Brives-Charensac et franchit la Loire au pont du Galard avant de rejoindre l'église du Collège, au Puy-en-Velay.

De **Brives-Charensac** au **Puy-en-Velay**   `7 km` `1 h 45`

Au Puy-en-Velay :

160 A la route, virer à droite sur 120 m puis la quitter pour la rue du Brunelet à gauche. Elle devient un chemin de terre qui longe la N 88. Ignorer le chemin à gauche et descendre aux premières maisons de **Brives-Charensac**. Le chemin s'incurve à gauche et passe entre des arbres. Descendre par la route en face pour rejoindre la Loire.

161 Emprunter le pont Vieux pour franchir le fleuve, virer à droite sur le chemin de terre, passer sous la N 88 et arriver à un rond-point. Se diriger vers Le Puy, passer sous le viaduc, laisser la route à droite et continuer sur 1,2 km jusqu'au feu.

162 Couper la rue et continuer en face par le chemin Sainte-Catherine. Passer sous un premier pont puis, juste après le pont Tordu, tourner à gauche pour rejoindre la rocade d'Aiguilhe. La longer à droite, puis la traverser au passage-piéton (à droite, rocher d'Aiguilhe surmonté de la chapelle Saint-Michel). Sur le parking, de l'autre côté de la rocade, grimper par la montée de la Coustette qui s'élève entre des jardins et arriver dans le bourg d'Aiguilhe.

163 Virer à droite et atteindre la place Saint-Clair (chapelle, calvaire). Continuer à droite par la montée Gouteyron pour arriver devant les bâtiments du Conseil général. Suivre à droite la rue Gouteyron puis, à gauche, la rue de la Visitation. Ignorer la rue Becdelièvre qui part à droite vers les escaliers de la cathédrale du Puy-en-Velay et aller tout droit pour gagner la porte de l'Hostellerie (tête de bœuf). S'engager à gauche dans la ruelle couverte du Grasmanent. Elle vire à droite devant une des entrées de l'Hôtel du Département. Laisser à gauche la chapelle des Pénitents.

164 Devant l'entrée du cloître, prendre la ruelle couverte qui vire à gauche (entrée de la cathédrale), puis passe sous le campanile (autre entrée). Emprunter à droite la rue de la Manécanterie et déboucher sur la place du For (vue panoramique sur la ville du Puy), derrière la cathédrale du **Puy-en-Velay** (625 m).

▶ Sur la place Cadelade, panneau d'information sur le chemin de Saint-Jacques-de-Compostelle.

▶ Le sentier GR® 65 continue vers l'Aubrac, Figeac, Moissac et St-Jean-Pied-de-Port.

Le Puy-en-Velay, cité de pèlerinage

Rue des Tables, au Puy-en-Velay. *Photo Christian Bertholet.*

Au Puy-en-Velay, les jacquets en partance se retrouvaient sur la place du Plot, sur laquelle veille aujourd'hui une statue moderne d'un pèlerin en bois sculpté. Mais c'est surtout au creux de ses pavés de brèche volcanique, que la ville conserve le souvenir de ses pèlerins d'antan. Insensiblement, les ruelles enchevêtrées de la cité ponote mènent toutes à la cathédrale qui domine la ville. La façade de mosaïques de pierres brunes et ocre et surtout le cloître roman alternant claveaux blancs et noirs, ne manquent pas d'évoquer l'Espagne mozarabe et au-delà, les liens religieux qui pouvaient unir la France à la péninsule ibérique. A l'intérieur de l'édifice, une reproduction de l'ancienne Vierge noire rappelle l'époque où la ville attirait des foules de pèlerins. Parmi les trésors à admirer, une peinture murale du XVe siècle figurant les Arts

Libéraux, et une belle statue de bois de saint Jacques. Mais il est un autre sanctuaire visité depuis le Moyen Age, Saint-Michel-d'Aiguilhe que l'évêque Godescalk fit ériger à son retour de Compostelle. Perché au sommet de son aiguille de lave, le gracieux sanctuaire roman se teinte d'influences hispano-mauresques.

Dans la ville basse, le musée Crozatier conserve quelques évocations du pèlerinage d'antan. A deux reprises, le randonneur pèlerin reconnaîtra saint Jacques en pèlerin sur deux toiles : *La Vierge au manteau* (1417) et *La famille de la Vierge* (1497). Non loin de là, un fragment de vitrail a conservé les armoiries de Jean Laurens, timbrées de la coquille. On peut voir également un bois gravé du XIXe siècle montrant un jacquet et des coquilles de pèlerins retrouvées lors de fouilles sous la ville.

SENTIER DE GRANDE RANDONNÉE

GR®
VERS SAINT-JACQUES-DE-COMPOSTELLE

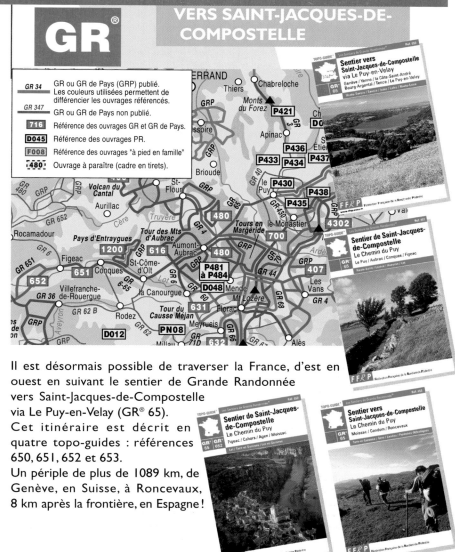

Il est désormais possible de traverser la France, d'est en ouest en suivant le sentier de Grande Randonnée vers Saint-Jacques-de-Compostelle via Le Puy-en-Velay (GR® 65).

Cet itinéraire est décrit en quatre topo-guides : références 650, 651, 652 et 653.

Un périple de plus de 1089 km, de Genève, en Suisse, à Roncevaux, 8 km après la frontière, en Espagne !

Centre d'Information de la FFRP
14, rue Riquet 75019 Paris - Tél : 01 44 89 93 93
Ouvert du lundi au samedi de 10h à 18h.

www.ffrp.asso.fr

Index des noms de lieux

1re édition : août 2004
© FFRP 2004 - ISBN 2-7514-0029-9 - © IGN 2004
Dépôt légal : août 2004
Compogravure : MCP, Orléans
Impression : Oberthur Graphique, Rennes